Jürgen Seifert · Das Grundgesetz und seine Veränderung

Das Grundgesetz und seine Veränderung

Verfassungstext von 1949
sowie sämtliche Änderungsgesetze im Wortlaut
eingeleitet und herausgegeben
von Jürgen Seifert

4., völlig neu bearbeitete Auflage
der zuletzt 1977 unter dem Titel
»Grundgesetz und Restauration«
erschienenen Darstellung der Verfassungsentwicklung

Luchterhand

CIP-Kurztitelaufnahme der Deutschen Bibliothek
Deutschland <Bundesrepublik>:
[Verfassung <1949.05.23>]
Das Grundgesetz und seine Veränderung :
Verfassungstext von 1949 sowie sämtl. Änderungsgesetze im Wortlaut / eingel. u. hrsg. von Jürgen Seifert. –
4., völlig neu bearb. Aufl. d. zuletzt 1977 u. d. T. »Grundgesetz und Restauration« erschienenen Darst. d. Verfassungsentwicklung. –
Neuwied ; Darmstadt : Luchterhand, 1983. – (Juristische Taschenbücher)
Bis 3. Aufl. u. d. T.: Seifert, Jürgen: Grundgesetz und Restauration
ISBN 3-472-11139-9
NE: Seifert, Jürgen [Hrsg.]; HST

© Copyright 1983 by Hermann Luchterhand Verlag, Neuwied und Darmstadt.
Alle Rechte vorbehalten.
Gesamtherstellung: Druck- und Verlags-Gesellschaft mbH, Darmstadt.
Printed in Germany, Oktober 1983

Inhaltsverzeichnis

Vorbemerkung	1
Das Grundgesetz und seine Veränderung	3
Verfassungsrecht im Lose-Blatt-System	3
Vorgeschichte	5
Das Grundgesetz: Eine offene Verfassung	8
Grundgesetz – Revisionismus	11
Die Notstandsverfassung	14
Finanzreform und »Politikverflechtung« zwischen Bund und Ländern	
»Innere Sicherheit«	
Die Zukunft des Grundgesetzes	25
Anmerkungen	29
Literaturhinweise	31
Grundgesetz für die Bundesrepublik Deutschland	35
I Die Grundrechte	37
II Der Bund und die Länder	45
III Der Bundestag	53
IV Der Bundesrat	58
IV a Gemeinsamer Ausschuß	59
V Der Bundespräsident	60
VI Die Bundesregierung	63
VII Gesetzgebung des Bundes	65
VIII Die Ausführung der Bundesgesetze und die Bundesverwaltung	76

VIII a	Gemeinschaftsaufgaben	82
IX	Die Rechtsprechung	83
X	Das Finanzwesen	90
X a	Verteidigungsfall	104
XI	Übergangs- und Schlußbestimmungen	109

Verfassung des Deutschen Reiches (Auszug) 121

Änderung des Grundgesetzes – Darstellung der
Änderungsgesetze in zeitlicher Reihenfolge 123

Stichwortverzeichnis
a) Das Grundgesetz und seine Veränderung 128
b) Gesetzestext 132

Über den Autor 144

Vorbemerkung

Seit geraumer Zeit war »Grundgesetz und Restauration« vergriffen. Mit einem Neudruck der dritten Auflage war ich nicht einverstanden.
Zum einen ist der Text dieses Buches, der besonders im Schlußteil durch die spezifische Situation in der Bundesrepublik im Herbst 1977 bestimmt war, ohne wesentliche Akzentverschiebungen nicht auf die Bundesrepublik des Jahres 1983 zu übertragen; zum anderen halte ich es auf Grund der umfangreichen Literatur, die in den vergangenen Jahren zur Geschichte des Grundgesetzes erschienen ist, nicht mehr für vertretbar, Analysen zugrunde zu legen, die 1969 und 1974 geschrieben worden sind; sodann zeigte die Rezeption meiner verfassungstheoretischen Konzeption, die ich 1974 nur in der Form von Thesen skizziert und in den folgenden Auflagen geringfügig ergänzt habe, daß eine derartig verkürzte Darstellung mißverstanden und mißdeutet werden kann; schließlich halte ich es im Hinblick auf den Kaufpreis für geboten, eine einführende Darstellung der Geschichte des Grundgesetzes so knapp wie möglich zu halten. Ich hoffe, in anderer Form eine umfassendere Darstellung vorlegen zu können, in der auch die theoretischen und politischen Fragen ausgiebig erörtert werden.
Die jetzt veröffentlichte völlige Neubearbeitung versucht, diese Gesichtspunkte zu berücksichtigen. Dabei bleibt die Veränderung des Grundgesetzes durch die Rechtsprechung weiterhin bewußt ausgeklammert. Da der 1974 von mir gewählte Begriff der »Restauration« die gesellschaftlichen Voraussetzungen der Veränderung der Verfassungsordnung des Grundgesetzes nicht mehr trifft, lege ich den neuen Text unter einem neuen Titel vor.

8. Mai 1983   Jürgen Seifert

Das Grundgesetz und seine Veränderung

Verfassungsrecht im Loseblatt-System

Das Grundgesetz wird auf vielfältige Weise bearbeitet. Es gibt Texte zur Entstehungsgeschichte, es gibt juristische Lehrbücher und Kommentare, es gibt eine (verbindliche) Auslegung durch das Bundesverfassungsgericht und einen Kommentar über die Rechtsprechung, es gibt Einführungen für den juristisch nicht vorgebildeten Staatsbürger und es gibt Textausgaben[1]. In diesen Textausgaben finden wir das Grundgesetz in der jeweils geltenden Fassung. Zuweilen kann der Leser nur aus einem Buchstaben in der Artikelnummer darauf schließen, daß dieser Artikel noch nicht im Grundgesetz enthalten war, so wie es im Jahre 1949 verabschiedet wurde. Oft geben kleingedruckte Übersichten oder Fußnoten Aufschluß darüber, daß diese Bestimmung und wann diese Bestimmung geändert worden ist. Der Text der früher geltenden Bestimmung aber wird nicht abgedruckt. Manche Artikel, beispielsweise Art. 142 a und Art. 143, die in der politischen Auseinandersetzung eine wichtige Rolle gespielt haben, tauchen so überhaupt nicht mehr auf. Das Grundgesetz, wie es etwa im Jahre 1949, 1955, 1965 oder 1970 gegolten hat, ist heute oft nur unter großen Mühen zu ermitteln. Diese Behandlung des Grundgesetzes, die zum Teil auch schon die Kommentierung erfaßt hat, ist einmal sehr zutreffend als »Verfassungsrecht im Loseblatt-System« bezeichnet worden[2].

Es ist kein Zufall, daß das Grundgesetz heute nur in einer derart verstümmelten Form zugänglich ist. Eine Textausgabe des Grundgesetzes in der Fassung vom 23. Mai 1949 mit sämtlichen Verfassungsänderungen, die der amerikanischen Verfassungstradition gemäß als »Zusatz« abgedruckt werden, macht deutlich, in welchem Umfang das Grundgesetz im Laufe seiner Geschichte geändert und verändert worden ist. An solcher Darstellung sind primär diejenigen interessiert, die die Verfassungsentwicklung in der Bundesrepublik nicht apologetisch darstellen, sondern als Ausdruck unterschiedlicher Restaurationsphasen kritisieren. Keine Verfassung der Welt wurde im Wortlaut – ohne gewaltsamen Umsturz – in einem Dritteljahrhundert in solchem Umfang verändert. Seit der Verkündung des Grundgesetzes sind 49 Artikel geändert bzw. mehrmals geändert, 33 Artikel neu eingefügt und 7 Artikel gestrichen, insgesamt sind zwischen 300–400 Sätze hinzugefügt, neu verfaßt oder gestrichen worden. Teilweise wurden solche Verfassungsänderungen von der Öffentlichkeit nicht anders registriert als die Anpassung der Wahlkreise an veränderte Bevölkerungszahlen. Das kann gerechtfertigt sein bei neuen Kompetenzübertragungen auf den Bund. Wenn aber traditionelle Verfassungsinstitutionen nahezu unbemerkt liquidiert werden können – das geschah beispielsweise bei der Streichung des Art. 45 (Ständiger Ausschuß) im Jahre 1976 –, dann verrät das ein gebrochenes Verhältnis zur Verfassung.

Ein solcher Umgang mit der Verfassung entspricht der Tradition in einem Land, in dem es für Beamte ein Signal für Argwohn war, wenn sich Untertanen auf einen Verfassungssatz beriefen. »Keine Fahne, die hundert Schlachten mitgemacht hat«, sagte Ferdinand Lassalle 1862 im preußischen Verfassungskonflikt, »kann so zerfetzt und durchlöchert sein wie unsere Verfassung[3].« Auch die Weimarer Reichsverfassung wurde im Laufe von 14 Jahren erheblich angetastet. Ohne ausdrückliche Wortlautänderungen (eine Vorschrift entsprechend Art. 79 Abs. 1 GG gab es damals nicht) wurde die Weimarer Reichsverfassung noch mehr als das Grundgesetz verändert. Bei diesem Umgang mit der Verfassung ist es angebracht, darauf hinzuweisen, daß man in den Vereinigten Staaten immerhin zwei Jahrhunderte gebraucht hat, um auf zwei Dutzend Verfassungsänderungen zu kommen.

Ein Bericht über die Geschichte des Grundgesetzes und der Veränderungen seines Wortlautes ist keine Geschichte der Bundesrepublik in ihrer realen Verfassung. In der Phase von 1951 bis 1972 besiegelten die politisch bedeutsamen Verfassungsänderungen noch wie Narben das Ergebnis politischer Kämpfe um die Struktur der Bundesrepublik. In sich sind solche Verfassungsänderungen nicht stets und in jedem Fall ein getreues Abbild der ökonomischen und politisch-gesellschaftlichen Entwicklung. Dennoch markieren in gewisser Weise die bisher vorgenommenen Verfassungsänderungen die Phasen der politisch-gesellschaftlichen Entwicklung in der Bundesrepublik Deutschland: Abgesehen von der Senkung des Wahlalters ist keine demokratische Verfassungsposition in dieser Zeit wirklich weiterentwickelt oder gar auf eine der gesellschaftlichen Entwicklung entsprechende Form gebracht worden. Vielmehr wurden demokratische Verfassungspositionen – wenn auch mit Unterbrechungen – Schritt für Schritt in Richtung auf einen Machtzuwachs des Bundes und der Exekutive verändert.

Zur Vorgeschichte

Das Grundgesetz ist ein zweiter Versuch, in Deutschland das Modell des demokratischen Verfassungsstaates zu verwirklichen. Dabei wurden demokratische und rechtsstaatliche Elemente durch sozialstaatliche ergänzt. Das Grundgesetz ist nicht erkämpft oder ertrotzt worden, aber es manifestiert eine Absage an die Vergangenheit. Es wurde geschaffen als ein Bollwerk, das eine Wiederholung dessen unmöglich machen soll, was in Deutschland am Ende der Weimarer Republik und nach 1933 geschehen war.
Das Volk war an der Schaffung der neuen Verfassung nicht direkt beteiligt; aber es hat das Grundgesetz, stärker als je eine deutsche Verfassung zuvor, als Fundament für einen Neuanfang und als Grenzmarke für die politische Auseinandersetzung akzeptiert.
Bereits vor der Ausarbeitung des Grundgesetzes waren wesentliche Entscheidungen über Verfassungsgrundsätze und Machtverteilungen in den Ländern und im Frankfurter Wirtschaftsrat getroffen worden. Dabei waren die Strukturen in den Ländern der Westzonen, soweit sie sich eine Verfassung gegeben hatten, von der Bevölkerung mit großer Mehrheit in Volksabstimmungen bejaht worden. Die sozialen Grundrechte und der Sozialisierungsartikel in der hessischen Verfassung vom 11. Dezember 1946 zeigen – trotz der amerikanischen Suspendierung – welcher Entscheidungsspielraum auch hinsichtlich einer wirtschaftlichen Neuordnung bestand.
Die grundlegende Entscheidung zur Aufteilung der Besatzungszonen in Länder wurde von den Besatzungsmächten getroffen. Von vergleichbarer Bedeutung für die spätere Struktur des Grundgesetzes war die Bildung des Zweizonen-Wirtschaftsrates, der die britische und die amerikanische Besatzungszone zur sogenannten »Bizone« zusammenfaßte. Die Währungsreform vom 21. Juni 1948 wurde dann in den drei Westzonen durchgeführt und verankerte in der Bevölkerung stärker als institutionelle Ausgestaltungen das Bewußtsein einer »Trizone«.
Auf der Grundlage des Londoner Deutschland-Kommuniqués der drei westlichen Alliierten und der drei Benelux-Länder vom

7. Juni 1948 erteilten die drei westlichen Militärgouverneure den Ministerpräsidenten der Länder der westlichen Besatzungszonen am 1. Juli 1948 den Auftrag zur Ausarbeitung der Verfasung eines westlichen Teilstaates. In diesen »Frankfurter Dokumenten« wurde ein Rahmen für die Ausgestaltung der Verfassung festgelegt: »Die verfassunggebende Versammlung«, so heißt es im »Dokument I«, »wird eine demokratische Verfassung ausarbeiten, die für die beteiligten Länder eine Regierungsform des föderalistischen Typs schafft [. . .] und die Rechte der beteiligten Länder schützt, eine angemessene Zentralinstanz schafft und Garantien der individuellen Rechte und Freiheiten enthält«.
Die Ministerpräsidenten haben auf der Koblenzer Konferenz vom 8. bis 10. Juli 1948 durchzusetzen versucht, daß »alles vermieden werden müßte, was dem zu schaffenden Gebilde den Charakter eines Staates verleihen würde«. Die Ministerpräsidenten forderten deshalb auch den Erlaß eines Besatzungsstatuts *vor* dem Beginn der Ausarbeitung eines Grundgesetzes. In Verhandlungen in Frankfurt und Rüdesheim am 19./20. Juli und 21./22. Juli 1948 konnten sich die Ministerpräsidenten nur teilweise durchsetzen. Die Alliierten erklärten sich lediglich mit den Bezeichnungen »Grundgesetz« statt Verfassung und »Parlamentarischer Rat« statt Nationalversammlung einverstanden; das Vorhaben, einen westdeutschen Staat zu gründen, wurde jedoch nicht aufgegeben. Das Besatzungsstatut wurde dem Parlamentarischen Rat erst am 10. April 1949 vorgelegt.[5]
Die Ministerpräsidenten schufen wichtige Grundlagen für die Arbeit des Parlamentarischen Rates. Sie setzten einen Sachverständigen-Ausschuß für Verfassungsfragen ein, der in der Zeit vom 10. bis 25. August 1948 als »Herrenchiemseer Verfassungskonvent« einen ersten Verfassungsentwurf erarbeitete. Der Herrenchiemseer Entwurf verdrängte die Entwürfe politischer Parteien. Er hat die Beratungen des Grundgesetzes in wichtigen Fragen beeinflußt.
Der Parlamentarische Rat nahm am 1. September 1948 seine Arbeit auf. Präsident – und damit Repräsentant für die westdeutsche Öffentlichkeit, zugleich Ansprechpartner für die Alliierten – wurde Konrad Adenauer. Carlo Schmid wurde Vorsitzender des für die Koordinierung und inhaltliche Strukturierung der Verfassung wichtigen »Hauptausschusses«. Dem Parlamentarischen Rat gehörten 65 stimmberechtigte und 5 nichtstimmberechtigte (Berliner) Abgeordnete an: 27 SPD, 27 CDU/CSU (davon: 8 CSU),

5 FDP, 2 DP, 2 Zentrum, 2 KPD (mit beratender Stimme: 3 SPD, 1 CDU, 1 FDP).
Die Alliierten haben durch die Memoranden vom 22. November 1948, vom 2. März 1949, vom 5. April 1948, vom 8. (22.) April 1948 und den sogenannten »Polizeibrief« vom 14. April 1948 Einfluß genommen. Zudem gab es Berater, die sich in jedem Stadium informieren ließen und Ratschläge übermittelten. Dennoch wird der Einfluß der Alliierten häufig überschätzt.
Bei der eigentlichen Kontroverse ging es um die Verteilung der Kompetenzen zwischen dem Bund und den Ländern. Die Amerikaner orientierten sich am Beispiel ihrer Verfassung, die Franzosen waren an einer lockeren Konföderation interessiert. Unter den Abgeordneten der CDU, der CSU und bei der Deutschen Partei gab es ebenfalls extreme Föderalisten, die so etwas wie einen »Bund deutscher Länder« anstrebten. Dem hat sich die SPD widersetzt. Nach einer sehr kämpferischen Rede ihres Vorsitzenden Kurt Schumacher am 20. April 1948 drohte eine gemeinsame Konferenz sozialdemokratischer Führungsgremien, der sozialdemokratischen Ministerpräsidenten und der SPD-Abgeordneten im Parlamentarischen Rat an, das Grundgesetz abzulehnen, wenn die »Erhaltung der Rechts- und Wirtschaftseinheit«, die »Gleichartigkeit der Lebensverhältnisse«, eine »einheitliche Sozialordnung« nicht gewährleistet sei, und wenn die »deutsche Entschlußfreiheit durch die Besatzungsmächte« weiter beeinträchtigt wird und wenn nicht eine »Regelung im Finanzwesen getroffen wird, die dem Bund die Mittel und die Möglichkeiten gibt, deren er zur Erfüllung seiner Aufgaben bedarf.«[6]
Der Konflikt wurde durch einen Kompromiß beendet. Alle Fraktionen, mit Ausnahme der KPD, versicherten in einer Erklärung, »daß sie sich in ihren Entscheidungen ausschließlich durch deutsche, von fremden Einflüssen unabhängige Erwägungen bestimmen lassen«.[7]
Das Grundgesetz wurde im Parlamentarischen Rat mit 53 gegen 12 Stimmen angenommen. Die Gegenstimmen der Deutschen Partei (2), des Zentrums (2) und aus der CSU (6) richteten sich gegen die zu starke Position des Bundes gegenüber den Ländern; die zwei Gegenstimmen der KPD demonstrierten die Opposition gegenüber der Gründung eines Teilstaates. Alle Länderparlamente, außer Bayern, ratifizierten das Grundgesetz, das am 23. Mai 1949 verkündet wurde.[8]

Das Grundgesetz: Eine offene Verfassung

Keine der widerstreitenden politischen und sozialen Kräfte verdankte ihre Existenz dem Grundgesetz. Diese Kräfte bestanden, bevor die neue Verfassung sie hätte legitimieren können. Sie steckten Einflußbereiche ab, handelten Kompromisse aus, demonstrierten Einigkeit gegenüber den Besatzungsmächten und machten Front gegenüber KPD und Neofaschismus. Das Grundgesetz ist Demarkationslinie widerstreitender politisch-sozialer Kräfte und zugleich Ausdruck eines Konsenses der »staatstragenden« Parteien. Resultat des Verfassungskompromisses sind vor allem die wirtschaftspolitische Neutralität des Grundgesetzes und die Offenheit der Verfassung.

Diejenigen, die als politische Funktionsträger der Interessenten an privater Verfügungsmacht über Produktionsmittel fungierten, interpretierten die Eigentumsgarantie als Sicherung, mit der einer sozialen Umwälzung gegebenenfalls durch Anrufung des Bundesverfassungsgerichts entgegengetreten werden kann. Die eine »Neuordnung von Wirtschaft und Gesellschaft« anstrebenden Kräfte sahen im postulierten Sozialstaat, in der Möglichkeit zur Sozialisierung und in der Bundeskompetenz für Gesetze gegen den Mißbrauch wirtschaftlicher Macht die Chance gewahrt, mit politischen Mehrheiten eine wirtschaftliche Neuordnung (bestehend aus Sozialisierung, Mitbestimmung und gesamtwirtschaftlicher Planung) durchzusetzen. Der auf diese Weise erzielte Kompromiß wird von einem Teil der konservativen Kräfte als Gleichsetzung von Verfassung und gesellschaftlichen Machtverhältnissen (Grundgesetz = soziale Marktwirtschaft) angesehen. Von Liberalen und von den aus der Arbeiterbewegung hervorgegangenen Kräften wird dagegen das Grundgesetz als Rahmenregelung interpretiert, deren inhaltliche Ausfüllung im politischen Kräftefeld erfolgt. Eine gesellschaftliche Umwälzung im Rahmen der Verfassung wird nicht ausgeschlossen.

Die politisch-sozialen Kräfte strebten bei der Verfassungsgebung durch den Parlamentarischen Rat danach, ihren damaligen Status im Grundgesetz zu fixieren, durch institutionelle Garantien und durch politische Grundrechte, die ihre Teilhabe am Gemeinwesen gewährleisten, abzusichern oder zu verbessern. In den Fällen, in denen das ohne Auseinandersetzungen geschah, machte nicht der Parlamentarische Rat das Grundgesetz, sondern er artikulierte und beurkundete nur eine Machtverteilung, die sich bereits weitgehend durchgesetzt hatte. Bei den Auseinandersetzungen im Parlamentarischen Rat ging es zu einem nicht unbeachtlichen Teil nur noch um Einzelheiten der Formulierungen. Diese Konstellation, die sich bis zu einem gewissen Grade mit der Konstellation bei der Entstehung der Verfassung der Vereinigten Staaten vergleichen läßt, erschien manchen konservativen Staatsrechtlern als Verfall des Staates.

Alle politischen und gesellschaftlichen Kräfte der Frühzeit des neuen Staatsgebildes ließen sich leiten von ihrer Frontstellung gegen das, was Deutschland in die Katastrophe geführt hatte: das nationalsozialistische Regime. Das Grundgesetz von 1949 manifestiert einen Bruch mit der Vergangenheit, wie ihn die politischen und sozialen Kräfte, die den Wiederaufbau in die Hand genommen hatten, glaubten vollzogen zu haben.

Die Absage an die Vergangenheit wurde mit der Proklamation von Verfassungsgrundsätzen erteilt. Dabei lehnte sich das Grundgesetz an die amerikanische Unabhängigkeitserklärung und an die französische Erklärung der Menschenrechte an.

Die in der Verfassung proklamierten Grundsätze sollen gleichsam die Grenzlinie zu dem bezeichnen, was hinfort innerhalb des Gemeinwesens als barbarisch angesehen werden möge. Sie stellen – wie alle Wertpräferenzen dieser Art – historische Rechte dar und bilden den Gegenstand des Kampfes für die politischen und sozialen Kräfte. Nicht einmal der Grundsatz der Menschenwürde kann unumstrittene Geltung beanspruchen: Von gar manchen wird Menschenwürde politischen Opponenten abgesprochen, die sich anders verhalten, als von ihnen verlangt wird. Und dennoch sind proklamierte Verfassungsprinzipien nicht bedeutungslos. Sie legen für die Auseinandersetzung Grenzmarken fest, Mindestnormen, die für alle tragbar sind. Diese *basic principles* bestimmen mithin den Rahmen, in dem politische Auseinandersetzungen in Zukunft ausgetragen werden sollen. Das Grundgesetz wurde geschaffen als ein offenes Forum, als ein strukturierter Rahmen für die Vielfalt, für die Auseinandersetzungen in Produktion, Verteilung und im politischen und kulturellen Leben. Das Grundgesetz ist kein abgeschlossenes Gehäuse, sondern ist bewußt offengehalten für den politischen Prozeß. Eine Verfassungsgerichtsbarkeit soll über die Einhaltung des verfassungsrechtlichen Rahmens wachen, nicht aber über eine Rangfolge von Werten.

Der Vergangenheit wurde 1949 nicht nur mit der Verkündung von Verfassungsprinzipien abgesagt. Dieselbe Bedeutung hatten Einzelbestimmungen, denen die Aufgaben zugedacht waren, das neue Staatsgebilde vor dem Schicksal der Weimarer Republik zu bewahren. Vor allem die Entmachtung des Präsidenten, die Wahl des Präsidenten durch eine Bundesversammlung, das konstruktive Mißtrauensvotum, die Erschwerung der Parlamentsauflösung und die Ausschaltung aller plebiszitären Elemente bezeugen deutlich, daß das Grundgesetz als »Antiverfassung«[9] sowohl zum NS-Regime als auch zur Weimarer Reichsverfassung geschaffen wurde. Wie die Protokolle des Parlamentarischen Rates offenbaren, hatte nicht die Haltung der Besatzungsmächte, sondern die Vorstellung vieler Verfassungsgeber vom Art. 48 der Weimarer Verfassung als Totengräber der Weimarer Republik den Parlamentarischen Rat bewogen, auf die im Herrenchiemseer Verfassungskonvent vorgesehene Notstandsregelung zu verzichten. Die extrem kritische Haltung des Parlamentarischen Rates zu wesentlichen Teilen der Weimarer Verfassung hat im einzelnen Friedrich Karl Fromme dargetan. Vielfach ist seit 1949 der vergangenheitsbestimmte Charakter des Grundgesetzes einer bösen Kritik unterworfen worden. Daß dabei die Weimarer Reichsverfassung gerade bei konservativen Kritikern des Grundgesetzes Verteidiger gefunden hat, an denen es 1919–1933 gefehlt hatte, entbehrt nicht einer gewissen Ironie.[10]

Die dem Bundeskanzler eingeräumte starke Position und die Erfolge der SPD in ihrer Auflehnung gegen die von den Vereinigten Staaten und Frankreich intendierte Finanzverfassung zeigen u. a., worauf es den Autoren des Grundgesetzes ankam: Die Organisation des neuen Staatswesens sollte geregelt und ein wirksames Instrument des Regierens geschaffen werden. Die dem Kanzler zugedachte Rolle war nicht nur ein Reflex auf die Weimarer Verfassung. Sie spiegelte auch die Tatsache wider, daß die beiden großen Parteien – die CDU/CSU mit Konrad Adenauer und die SPD mit Kurt Schumacher – ihre Führung Personen anvertraut hatten, auf die das gewaltig verstärkte Kanzleramt geradezu zugeschnitten war. Sosehr jedoch dem Parlamentarischen Rat an einem wirksamen Regierungsinstrument gelegen war, die bloße Wirksamkeit einer Verfassungsinstitution war sein entscheidender Beweggrund nicht. Im Bericht des Herrenchiemseer Verfassungskonvents, der die Vorarbeiten für die Beratungen im Parlamentarischen Rat in Bonn leistete, steht zu lesen: »Es entspricht [. . .] mehr der Würde eines Volkes, sich dafür zu entscheiden, daß es vielleicht etwas weniger reibungslos regiert wird, sich dafür aber mehr selbst regieren kann.«[11]

Grundgesetze – Revisionismus

Seit 1949 ist das Grundgesetz durch 34 verfassungsändernde Gesetze geändert worden. Nicht alle Änderungen des Grundgesetzes markieren verfassungspolitische Einschnitte. Teilweise handelt es sich lediglich um redaktionelle Änderungen; teilweise wurden Länderkompetenzen auf den Bund übertragen. Gegenüber dem Machtzuwachs des Bundes und vor allem der Exekutive wurden kaum Gegengewichte geschaffen.
Im Zusammenhang einer Ausweitung von Demokratie ist die Ausdehnung der Wahlberechtigung auf das vollendete achtzehnte Lebensjahr und die Gleichsetzung von Wählbarkeit und Volljährigkeit zu nennen (Art. 38 Abs. 2). Dieser Fortschritt entspricht gleichlautenden Änderungen in den Landesverfassungen und anderen parlamentarischen Systemen. Im Sinne der Rechtsstaatlichkeit sind von Bedeutung die Ermöglichung einer zweiten Instanz auch für politische Straftaten (Artikel 96 Abs. 5), die als späte Frucht der langjährigen Auseinandersetzung um die politische Strafjustiz angefallen ist, und die Verankerung der Verfassungsbeschwerde im Grundgesetz (Art. 93 Abs. 1 Ziff. 4 a u. 4 b), eine Sicherung, welche in der Auseinandersetzung um die Notstandsgesetzgebung vorgetragenen Bedenken Rechnung trägt.
Die wesentlichen Eingriffe in das Verfassungswerk von 1949 brachten die Wehrverfassung, die Notstandsverfassung und die Änderung des Art. 10. Bedeutsam sind ferner die große Finanzreform und die Veränderungen im Bereich der sogenannten »Inneren Sicherheit«.

Die Wehrverfassung

Dieselben Mächte, die sich im Besatzungsstatut noch die Machtbefugnisse auf dem Gebiet der »Abrüstung und Entmilitarisierung« vorbehalten hatten, duldeten es, daß die Regierung Adenauer bereits im Frühjahr 1950 das Büro Schwerin und im November 1950 ein »Amt Blank« errichtete, welche die Wiederaufrüstung

vorbereiten sollten. Theodor Blank erhielt den Titel eines »Beauftragten des Bundeskanzlers für die mit der Vermehrung der alliierten Truppen in Deutschland zusammenhängenden Fragen«. In dieser Bundesbehörde, für die im Grundgesetz eine Bundeskompetenz nicht vorgesehen war, wurde unter der Mitarbeit der Generale Hans Speidel und Adolf Heusinger die Wiederaufrüstung in die Wege geleitet.[12]
Da die erste Regierung Adenauer für eine Verfassungsänderung in der ersten Legislaturperiode keine Mehrheit besaß, versuchte diese Regierung die Wiederaufrüstung unter Berufung auf die Organisationsgewalt, auf ein sogenanntes überverfassungsrechtliches Notstandsrecht oder durch Berufung auf Art. 26 durchzusetzen. Im zweiten Deutschen Bundestag, in dem die SPD nicht einmal die Stärke einer Sperrminorität gegenüber Verfassungsänderungen besaß, wurde dem Bund die Gesetzgebungskompetenz über die Verteidigung einschließlich der Wehrpflicht für Männer und des Schutzes der Zivilbevölkerung übertragen (Art. 73 Nr. 1). Damit wurde faktisch die Rechtsauffassung der Opposition bestätigt. Zugleich versuchte die Regierung jedoch ihre Rechtsauffassung, daß die Pariser Verträge vom 26. und 27. Mai 1952 über die Gründung einer Europäischen Verteidigungsgemeinschaft dem Grundgesetz entsprechen, durch eine Ergänzung zu Art. 79 Abs. 1 und durch die Einfügung eines Art. 142 a verfassungsrechtlich durchzusetzen.
Nach dem Scheitern der Europäischen Verteidigungsgemeinschaft wurde 1956 die eigentliche Wehrverfassung verabschiedet. Jetzt konnte die Regierung Adenauer nicht mehr sicher über eine verfassungsändernde Mehrheit verfügen. Das hat die Struktur dieser Wehrverfassung wesentlich beeinflußt. Durch diese Verfassungsänderung wurden nicht nur die Voraussetzungen für den Eintritt des »Verteidigungsfalles« (Art. 59 a), Kommandogewalt, Bundeswehrverwaltung und dergleichen geregelt (Art. 65 a, 60 Abs. 1, 87 a, 87 b, 96 Abs. 3, 96 a), sondern auch institutionelle Sicherungen geschaffen, die vor allem von der SPD gefordert worden waren. Das hat dazu geführt, daß die Mehrheit der SPD-Fraktion im Bundestag dieser Verfassungsänderung zustimmte (eine aus 20 SPD-Abgeordneten bestehende Minderheit stimmte dagegen).
Für Kriegsdienstverweigerer wurde ein Ersatzdienst geschaffen; dabei wurde festgelegt: »Die Dauer des Ersatzdienstes darf die

Dauer des Wehrdienstes nicht übersteigen«; zugleich wurde festgelegt, daß Frauen nicht zu Dienstleistungen im Verband der Streitkräfte verpflichtet und in keinem Fall zum Dienst mit der Waffe verwendet werden dürfen (Art. 12).
Nach dem Vorbild skandinavischer Länder wurde die Institution des Wehrbeauftragten (Art. 45 b) geschaffen. Der Wehrbeauftragte sollte darüber wachen, daß sich die neugeschaffenen Streitkräfte und vor allem ihre Führung ins parlamentarische Regierungssystem einfügten und daß die neue Armee nicht zum Staat im Staat wurde. Der Eigengesetzlichkeit eines militärischen Apparates sollte verstärkte parlamentarische Kontrolle entgegenwirken. Was ist daraus geworden? Als Instrument zum Schutz von Grundrechten in der Bundeswehr, zur Verstärkung parlamentarischer Positionen im Verfassungsgefüge der Bundesrepublik errichtet, wurde die Kontrollinstitution zunächst lange Zeit in ihrer Wirksamkeit behindert und dann Schritt für Schritt aus dem Alltagsgetriebe des Militärs ausgeschaltet. Das Amt wurde überhaupt erst 1959 besetzt; eigenartige, mit Absicht hochgespielte Affären brachten es in Mißkredit, als Behörde wurde das Amt unzureichend ausgestattet und sein Personal nicht mit den nötigen Aufstiegschancen, die für Beamte von Bedeutung sind, versehen; vom Bundestag wurden die Berichte des Wehrbeauftragten nicht so aufgegriffen, daß sie kritische Debatten über die Struktur der Bundeswehr ausgelöst hätten.
Die in Art. 45 a getroffene Sonderregelung für den Verteidigungsausschuß hat es dem Ausschuß in der politischen Praxis kaum ermöglicht, als Organ der parlamentarischen Kontrolle wirksam zu werden.
Auch die Einfügung des neuen Art. 143 wurde von der SPD als Erfolg bezeichnet; denn dadurch sei jeder Einsatz der Bundeswehr im Innern und »die Gefahr eines parteilichen Mißbrauchs der Bundeswehr durch die Bundesregierung ausgeschlossen.«[13] Auf diese Weise wurde versucht, den Widerstand der in der SPD und namentlich in den Gewerkschaften gegen eine Wiederaufrüstung opponierenden Kräfte abzubauen. Die CDU/CSU dagegen legte diese inzwischen wieder gestrichene Verfassungsbestimmung als Verfassungsnorm aus, die zusätzliche Vorschriften für den Fall des »Inneren Notstandes« ausdrücklich gebot.

Die Notstandsverfassung

Eine neue Notstandsgesetzgebung wurde 1968 nach heftigen Auseinandersetzungen verabschiedet, die sich über drei Legislaturperioden hinzogen. Gegen diese Änderung des Grundgesetzes, die auch von konservativer Seite als neue Verfassung bezeichnet wurde, stimmten (mit zwei Ausnahmen) die Abgeordneten der FDP, die damals die Opposition bildete, und 53 Abgeordnete der SPD.

Der erste von Innenminister Gerhard Schröder 1960 vorgelegte Notstandsentwurf orientierte sich sowohl an Art. 48 der Weimarer Reichsverfassung als auch an Art. 16 der neuen de Gaulleschen Verfassung von 1958. Gegenüber dieser Position, die, einer verhängnisvollen deutschen Tradition entsprechend, von dem Satz ausging, »der Ausnahmezustand ist die Stunde der Exekutive«, wandte sich die in der Opposition stehende SPD im wesentlichen mit zwei Argumenten:

- Nicht die Exekutive, sondern das Parlament, hilfsweise ein aus Bundestag und Bundesrat gebildetes Notparlament, dürfe über das Inkrafttreten des Notstandes, über den Erlaß von Gesetzen im beschleunigten Verfahren und über die zeitweilige Außerkraftsetzung von Grundrechten entscheiden.
- Es müsse zwischen dem Verteidigungsfall als dem »äußeren Notstand« und innenpolitischen Krisensituationen als dem »inneren Notstand« unterschieden werden; für den inneren Notstand brauche man keine neuen Befugnisse, sondern einen Ausbau der Polizei.

In der Frage eines Notparlamentes hat sich die SPD letztlich durchsetzen können. Der eigentliche Notstandsfall wurde zwar auf den Verteidigungsfall beschränkt, doch besteht die Möglichkeit, Notstandsbefugnisse bereits im »Spannungsfall« wahrzunehmen. Die Union konnte ihre sehr weitgehenden Vorstellungen für den Fall des inneren Notstandes nicht durchsetzen. Doch wurde durch eine Änderung von Art. 91 der Bundesgrenzschutz zu einer Eingreifreserve *des Bundes* zur Abwehr einer drohenden Gefahr für den Bestand oder die freiheitlich demokratische Grundordnung des Bundes oder eines Landes. Zugleich wurde die Sperre beseitigt, die Bundeswehr im Innern einzusetzen. Die Streitkräfte haben nicht nur im Verteidigungsfall und im Spannungsfall die Befugnis, »zivile Objekte« zu schützen, Verkehrsregelungen und, im Zusammenwirken mit den zuständigen Behörden, »polizeiliche Maßnahmen« durchzuführen (Art. 87 a Abs. 3); nach Abs. 4 desselben Artikels darf die Bundesregierung unter den Voraussetzungen von Art. 91 Abs. 2 auch »Streitkräfte zur Unterstützung der Polizei und des Bundesgrenzschutzes beim Schutze von zivilen Objekten und bei der Bekämpfung organisierter und militärisch bewaffneter Aufständischer einsetzen«.

Der Verteidigungsfall liegt vor, wenn das Bundesgebiet mit Waffengewalt angegriffen wird oder wenn ein solcher Angriff unmittelbar droht. Er wird nicht von der Exekutive, sondern von Bundestag und Bundesrat oder vom Notparlament durch einen Beschluß festgestellt, der der Mehrheit von zwei Dritteln der abgegebenen Stimmen bedarf. Er gilt – auch ohne Feststellung – als eingetreten, wenn das Bundesgebiet mit Waffengewalt angegriffen wird und wenn die zuständigen Organe außerstande sind, »sofort« einen Feststellungsbeschluß zu treffen (Art. 115 a).

Im Verteidigungsfall kann die föderative Struktur der Bundesrepublik in wesentlichen Teilen suspendiert werden. Der Bundesregierung steht zwar auch dann kein Notverordnungsrecht zu; Bundestag und Bundesrat können aber in gemeinsamen Sitzungen in einem beschleunigten Verfahren Gesetze erlassen. Dieses Recht und andere parlamentarische Befugnisse gehen auf den Gemeinsamen Ausschuß über, wenn er die Funktionsunfähigkeit des Bundestages festgestellt hat.

Der Gemeinsame Ausschuß (Art. 53 a) – auch Notstandsausschuß oder Notparlament genannt – ist der Konzeption nach ein Ersatzparlament: Die Gewaltentrennung soll auch im Notstandsfall gewährleistet bleiben; der Ausnahmezustand soll nicht die unbeschränkte Stunde der Exekutive sein; ein Kern des Parlaments – nicht die Exekutive – trifft dann, wenn das Parlament nicht mehr zusammentreten kann oder beschlußunfähig ist, die wesentlichen Entscheidungen. Versuche ähnlicher Art hat es schon früher gegeben.

Der Gemeinsame Ausschuß setzt sich zu zwei Dritteln aus Abgeordneten des Bundestages und zu einem Drittel aus Mitgliedern des Bundesrates zusammen. Der Bundestag bestimmt 22 Mitglieder und ebenso viele Stellvertreter, die 11 Länder je ein Mitglied und einen Stellvertreter. Das Stimmrecht des Berliner Bundesratsvertreters ist umstritten. Es ist nach deutschem Verfassungsrecht gegeben.

Der Gemeinsame Ausschuß wird schon in Normalzeiten tätig als ein Parlamentsausschuß besonderer Art (Art. 53 a, Abs. 2). Die Mitglieder des Gemeinsamen Ausschusses und ihre Stellvertreter haben das Recht, sich in ihren Sitzungen von der Bundesregierung über die Planungen für den Verteidigungsfall unterrichten zu lassen. Diese Informationssitzungen gelten als »geheime Beratungen«, das heißt, daß von diesen Sitzungen die anderen Abgeordneten und Mitglieder des Bundesrates ausgeschlossen sind.

Der Gemeinsame Ausschuß nimmt Parlamentsfunktionen wahr, wenn er mit der Mehrheit von zwei Dritteln der abgegebenen Stimmen, mindestens der Mehrheit seiner Mitglieder, feststellt, daß dem »rechtzeitigen Zusammentritt des Bundestages unüberwindliche Hindernisse entgegenstehen oder daß dieser nicht beschlußfähig ist« (Art. 115 e, Abs. 1), oder wenn er bei den in Art. 115 a, Abs. 2 genannten Voraussetzungen den Eintritt des Verteidigungsfalles feststellt. Der Gemeinsame Ausschuß hat dann die Stellung von Bundestag und Bundesrat und nimmt deren Rechte wahr. Er kann Gesetze erlassen (jedoch keine Verfassungsänderungen vornehmen); er kann mit der Mehrheit seiner Mitglieder, wenn eine Neuwahl des Bundeskanzlers erforderlich wird, auf Vorschlag des Bundespräsidenten einen neuen Bundeskanzler wählen und mit der Mehrheit von zwei Dritteln seiner Mitglieder dem Bundeskanzler das Mißtrauen dadurch aussprechen, daß er einen Nachfolger wählt (Art. 115 h).

Dennoch ist der Gemeinsame Ausschuß kein parlamentarisches Organ im eigentlichen Sinne. Jedenfalls dann nicht, wenn die Beratungen ausnahmslos »nicht öffentlich« sind. § 10 Satz 1 seiner Geschäftsordnung gebietet Nichtöffentlichkeit. Öffentlichkeit ist jedoch ein zwingendes, verfassungsrechtlich vorgeschriebenes und unverzichtbares Element der parlamentarischen Demokratie. Allein Öffentlichkeit sichert einer Opposition die Operationsbasis.

Seiner demokratischen Kontrollfunktion wird der Ausschuß ferner dadurch beraubt, daß seine Mitglieder mit Sonderrechten ausgestattet und damit von den anderen Mitgliedern des Bundestages und des Bundesrates abgehoben sind. Es werden zwei Gruppen von Abgeordneten geschaffen; die größere von ihnen kann – möglicherweise trotz Anwesenheit am Tagungsort des Ausschusses – daran gehindert werden, ihre parlamentarischen Pflichten wahrzunehmen, sobald der Gemeinsame Ausschuß zusätzlich zur Nichtöffentlichkeit noch »geheime Beratung« (§ 11 Abs. 3 GO) beschließt. Solange es nicht prinzipiell für jeden Bundestagsabgeordneten zulässig ist, an den Sitzungen des Gemeinsamen Ausschusses teilzunehmen, wird auch die Chance vermindert, eine Sitzung des Ausschusses in eine ordentliche gemeinsame Sitzung von Bundestag und Bundesrat umzuwandeln, sobald die erforderliche Zahl von Abgeordneten eingetroffen ist.

Im Zusammenhang mit der Notstandsverfassung wurden Gesetze beraten, die mit einfacher Mehrheit verabschiedet werden konnten, die deshalb »einfache« Notstandsgesetze genannt wurden und heute als »Sicherstellungsgesetze« bezeichnet werden. Dabei geht es um die »Sicherstellung« von Leistungen der Arbeitnehmer, um Leistungen der gewerblichen Wirtschaft, um Leistungen der Ernährung und Landwirtschaft, um Leistungen auf dem Gebiet der Wasserwirtschaft und um die Sicherstellung des Verkehrs. Zu den »einfachen« Notstandsgesetzen gehören ferner das Katastrophenschutzgesetz, das Gesetz über das Zivilschutzkorps und das Schutzbaugesetz.

Die Anwendung dieser »einfachen« Notstandsgesetze ist weder an den Verteidigungsfall noch an die ausdrückliche Feststellung eines inhaltlich nicht definierten »Spannungszustandes« gebunden, sondern kann auch erfolgen, wenn der Bundestag mit einfacher Mehrheit eine besondere Zustimmung zur Anwendung gegeben hat oder wenn die Anwendung dieser Gesetze von einem internationalen Organ im Rahmen eines Bündnisvertrages mit Zustimmung der Bundesregierung beschlossen worden ist – Bündnisfall – (Art. 80 a). Lediglich beim Arbeitssicherstellungsgesetz (erst Notdienst-, dann Zivildienstgesetz genannt), das Einschränkungen der Berufsfreiheit im Rahmen des durch die Notstandsverfassung neugeschaffenen Art. 12 a GG insbesondere in der Form von Dienstverpflichtungen und Arbeitsplatzwechselverboten zulässig macht, ist verfassungsrechtlich eine stärkere Sicherung geschaffen worden. Derartige Maßnahmen können (von Ausbildungsveranstaltungen abgesehen) nur im Verteidigungs-, Spannungs- oder Bündnisfall erfolgen, oder wenn der Bundestag mit Zweidrittelmehrheit der Anwendung besonders zugestimmt hat (Art. 80 a, Abs. 1 Satz 2 GG).

Diese besondere Sicherung der Rechte von Arbeitnehmern sollte – wie eine Klarstellung durch Art. 9 Abs. 3 Satz 2 GG und das jetzt in Art. 20 Abs. 4 aufgenommene Widerstandsrecht – dazu beitragen, den Widerstand der Gewerkschaften gegen die Notstandsgesetzgebung zu brechen. Die Gewerkschaften befürchteten Dienstverpflichtungen bei Arbeitskämpfen und innenpolitischen Krisen.

Finanzreform und »Politikverflechtung« zwischen Bund und Ländern

Die Notstandsgesetzgebung war nicht die einzige weittragende Verfassungsänderung, die aus der Koalition zwischen den Unionsparteien und der SPD hervorgegangen ist. Ziemlich schnell wurden 1967 ohne größere Auseinandersetzungen eine Neufassung des Art. 109 und auf ihrer Grundlage das Stabilitätsgesetz verabschiedet. Durch die Änderung von Artikel 109 und durch das Stabilitätsgesetz hat der Bund weitreichende wirtschaftspolitische Regelungsbefugnisse zur Abwehr konjunktureller und strukturbedingter Störungen erhalten. Das Budgetrecht des Bundestages wird durch das auf der Grundlage von Art. 109 Abs. 4 beschlossene Stabilitätsgesetz wesentlich beeinträchtigt; § 6 Abs. 3 Stabilitätsgesetz ermächtigt die Regierung, Kredite bis zu 5 Milliarden DM aufzunehmen.
Durch eine weitere, 1969 beschlossene Neufassung von Art. 109 Abs. 3 wurde die Kompetenz des Bundes, Grundsätze für das Haushaltsrecht, für eine konjunkturgerechte Haushaltswirtschaft und für eine mehrjährige Finanzplanung aufzustellen, auch auf den Bereich der Länderfinanzen ausgedehnt.
Heftige Auseinandersetzungen wurden dagegen um die unter dem Titel Finanzreform behandelten Verfassungsänderungen des Jahres 1969 ausgetragen. Als neues Verfassungsinstitut hat die Finanzreform die sogenannten Gemeinschaftsaufgaben zwischen Bund und Ländern (Art. 91 a) gebracht. Ausdrücklich anerkannt werden ferner »Vereinbarungen bei der Bildungsplanung und bei der Förderung von Einrichtungen und Vorhaben der wissenschaftlichen Forschung« zwischen Bund und Ländern (Art. 91 b). Die Eindeutigkeit der Trennung von Verwaltungsbereichen zwischen Bund und Ländern ist damit verwischt worden. Vereinbarungen zwischen Bund und Ländern, die im Sinne des neuen Art. 91 b getroffen werden, schaffen – neben den europäischen supranationalen Behörden und den Vereinbarungen der Länder untereinander (Kultusministerkonferenz etc.) – einen neuen Bereich, der parlamentarischer Kontrolle nur noch indirekt untersteht.
Der neueingefügte Art. 104 a verschafft dem Bund mit der soge-

nannten Investitionskompetenz (Abs. 4) die Möglichkeit, einzelnen Ländern Finanzhilfen für besonders wichtige Investitionen zu gewähren, wenn solche Investitionen zur Abwehr einer Störung des gesamtwirtschaftlichen Gleichgewichts, zum Ausgleich unterschiedlicher Wirtschaftskraft im Bundesgebiet oder zur Förderung des wirtschaftlichen Wachstums nötig sind. Diese Generalklausel, um die hart gerungen wurde, betraut den Bund im Grunde mit der Aufgabe, einen wirtschaftlichen Ausgleich zwischen den Ländern herbeizuführen.

Das Grundgesetz von 1949 hatte das Prinzip der Trennung der Steuern verankert. Mit Ausnahme der Einkommen- und der Körperschaftsteuer (Art. 106 Abs. 3) standen die einzelnen Steuerarten entweder dem Bund (Art. 106 Abs. 1) oder den Ländern (Art. 106 Abs. 2) zu. Die im Rahmen der Finanzreform 1969 verabschiedete Neufassung des Art. 106 hat dies System modifiziert, und zwar in Richtung auf einen sogenannten großen Steuerverbund. Umsatzsteuern sind nun – trotz erheblichem Widerstandes des Bundesrates – »Gemeinschaftssteuern«.

Das Aufkommen an Einkommen- und an Körperschaftsteuer wird so verteilt, daß Bund und Länder je zur Hälfte beteiligt sind (Abs. 3). Mit der Neuregelung bekommen auch die Gemeinden einen Anteil am Einkommensteueraufkommen (Art. 106 Abs. 5). Die Einzelheiten der Neuverteilung des Steueraufkommens sind allerdings so, daß man sagen kann: Art. 106 ist eher ein Kompendium denn eine Norm.

Der Finanzausgleich der Länder hat eine verbale Veränderung erfahren: die bisherige Einteilung der Länder in »leistungsfähige« und »leistungsschwache« weicht einer neuen Formel: Ausgleichsansprüche der »ausgleichsberechtigten Länder« stehen Ausgleichsverbindlichkeiten der »ausgleichsverpflichteten Länder« gegenüber (Art. 107 Abs. 2).

Mit der Finanzreform ist das Ringen um Kompetenzübertragungen von den Ländern auf den Bund nicht beendet. Nicht nur die Übertragung von Zuständigkeiten von den Ländern auf den Bund haben den Föderalismus der Bundesrepublik verändert, sondern besondere Formen der »Politikverflechtung« zwischen Bund und Ländern sowohl bei den Gemeinschaftsaufgaben (Art. 91 a und 91 b) als durch Bund-Länder-Gremien (Ministerpräsidenten-, Kultusminister-, Justiz- und Innenministerkonferenz) selbst in den Bereichen, in denen die Kompetenz der Länder nicht angetastet worden ist. Diese zwischen dem Bund und den Ländern entstandene und von der Exekutive beherrschte dritte Ebene, hat eine Bedeutung erlangt, die sich weder die extremen Föderalisten noch die extremen Zentralisten im Parlamentarischen Rat träumen ließen.

»Innere Sicherheit«

Die Änderungen des Grundgesetzes in dem Bereich, der seit Jahren durch die Wortschöpfung »Innere Sicherheit« umrissen wird, markieren nur teilweise die Veränderung, welche die Realverfassung durch kontinuierliche Ausweitung von Exekutivmacht erfahren hat. Dieser »Sicherheitsapparat« ist ein vielfältiges Gebilde mit unterschiedlichen Verantwortlichkeiten. Zu ihm gehören: Polizeikräfte der Länder (einschließlich der Landeskriminalämter, der Bereitschaftspolizei, der Politischen Polizei und der Mobilen Einsatzkommandos), das Bundeskriminalamt (mit einer besonderen »Sicherungsgruppe« und Abteilungen für Staatsschutz und Terrorismus), der Bundesgrenzschutz (mit Spezialeinheiten wie der GSG 9), die Bundesanwaltschaft, die Verfassungsschutzbehörden des Bundes und der Länder, das Amt für Sicherheit der Bundeswehr, der Militärische Abschirmdienst und der Bundesnachrichtendienst. Zuständig für diesen Apparat sind die Innenminister des Bundes und der Länder, der Bundesminister der Justiz, der Bundesminister für Verteidigung und der Chef des Bundeskanzleramtes.[14]

Bis 1968 wurde noch nicht von »Innerer Sicherheit«, sondern vom inneren Notstand und vom Katastrophennotstand gesprochen. Durch Neufassung wurde 1968 Art. 91 erweitert. Für Hilfe bei Naturkatastrophen und bei besonders schweren Unglücksfällen wurden gleichzeitig durch Art. 35 Abs. 2 und 3 Sonderregelungen geschaffen, die in solchen Fällen den Einsatz von Polizeistreitkräften anderer Länder, des Bundesgrenzschutzes und der Streitkräfte möglich machen.

Der Begriff »Innere Sicherheit« steht für einen vorbeugenden Staatsschutz, bei dem die Kompetenz zum Einsatz von Polizeikräften anderer Länder und des Bundesgrenzschutzes nicht mehr beschränkt ist auf die »Abwehr einer drohenden Gefahr für den Bestand und die freiheitlich demokratische Grundordnung« (Art. 91), sondern bereits möglich ist, wenn ein solcher Einsatz der

»Aufrechterhaltung oder Wiederherstellung der öffentlichen Sicherheit oder Ordnung« dient (Art. 35 Abs. 2 Satz 1). Durch diese Verfassungsänderung von 1972 wurde der Bundesgrenzschutz zu einer in letzter Instanz einsetzbaren Bundespolizei. Demgemäß erhielt der Bundesgrenzschutz durch eine Neufassung des Bundesgrenzschutzgesetzes auch die polizeiliche Befugnis zur Vorladung, zur Durchführung erkennungsdienstlicher Maßnahmen, zur Inhaftierung, zur Durchsuchung von Personen, Sachen und Wohnungen sowie zur Beschlagnahme und Sicherstellung von Sachen.
Gleichzeitig wurde durch eine Änderung von Art. 73 Nr. 10 (und Art. 87 Abs. 1 Satz 2) die Zuständigkeit des Verfassungsschutzes ausgeweitet. Das geschah zum einen dadurch, daß die Tätigkeit des Verfassungsschutzes jetzt umfassender bestimmt wurde als »Schutz der freiheitlichen demokratischen Grundordnung, des Bestandes und der Sicherheit des Bundes oder eines Landes«, zum anderen durch die Ausdehnung der Kompetenz des Verfassungsschutzes auch auf Bestrebungen, »die durch Anwendung von Gewalt oder darauf gerichtete Vorbereitungshandlungen auswärtige Belange der Bundesrepublik Deutschland gefährden«. Auf dieser Grundlage erhielten die Verfassungsschutzbehörden einerseits die zusätzliche Befugnis, Sicherheitsüberprüfungen durchzuführen, und andererseits sogar Ausländer zu observieren, die in keiner Weise die Sicherheit der Bundesrepublik gefährden, sondern in ihren Heimatstaaten nichts anderes versuchen, als Demokratie zu realisieren.
Diese Verfassungsänderungen leiten eine Phase der Verfassungsentwicklung ein, die durch folgende Tendenz gekennzeichnet ist: Die Verfassung der Bundesrepublik bleibt äußerlich unangetastet und gilt auch weiterhin für den Normalfall; daneben aber entsteht im Bereich der »Inneren Sicherheit« eine Nebenverfassung. Es existieren gleichsam entrechtlichte Bereiche durch Sonderbefugnisse für den Inhaber der vollziehenden Staatsgewalt. Diese Sonderbefugnisse der Exekutive in bestimmten Bereichen haben punktuell zu einer Verselbständigung der sogenannten »Sicherheitsdienste« gegenüber der Verfassung beigetragen mit der Folge, daß die klassischen Freiheitsrechte nicht mehr unter allen Umständen und in jedem Fall gelten. Das geschieht entweder dadurch, daß das Parlament auf eine präzise Bestimmung von Tatbeständen verzichtet und der Exekutive durch Generalklauseln einen nicht kontrollierbaren Ermessensspielraum gewährt oder dadurch, daß

die Exekutive sich solchen Ermessensspielraum durch die Konstruktion bestimmter, die fehlende Ermächtigung verschleiernder Begriffe selbst schafft.
Ein Beispiel für den Verzicht des Parlaments, die Voraussetzungen für die Wahrnehmung einer Befugnis genau zu bestimmen, ist die 1972 in das Bundesverfassungsschutzgesetz aufgenommene Kompetenz des Verfassungsschutzes, zur Wahrnehmung seiner Aufgaben »nachrichtendienstliche Mittel anzuwenden«. Dazu hieß es im Schriftlichen Bericht des zuständigen Parlamentsausschusses: »Eine inhaltliche Präzisierung des Begriffs ›nachrichtendienstliche Mittel‹ erwies sich als untunlich. Für die Bestimmung der rechtlich zulässigen nachrichtendienstlichen Mittel sowie für die Art und Weise ihrer Anwendung ist der Bundesminister des Innern verantwortlich.«[15] Hier wurde bewußt auf eine Gesetzesdefinition verzichtet, um diesem Geheimdienst in seinen Befugnissen nicht durch das Gesetz eine unüberschreitbare Grenze zu setzen. Begründet wird dies mit einem einzigen Wort: »Untunlich«!
Beispielhaft für die Konstruktion von Begriffen durch die Exekutive, durch die eine fehlende Befugnis angemaßt wird, ist die Verwendung des Wortes »Verfassungsfeind« oder »verfassungsfeindlich«. Das Grundgesetz kennt diesen Begriff nicht. Die Unterscheidung zwischen »verfassungsfeindlich« und »verfassungswidrig« hat die Funktion, die Kompetenz des Bundesverfassungsgerichts auszuhöhlen, »verfassungswidrige Parteien« zu verbieten (Art. 21 Abs. 2) und Grundrechte für »verwirkt« zu erklären (Art. 18). Mittels eines solchen selbstgeschaffenen Begriffes hat die Exekutive – allerdings unter Duldung einer von konservativen Kräften beherrschten Justiz – für sich eine bei den Beratungen des Grundgesetzes ausdrücklich abgelehnte Befugnis durchgesetzt, »Verfassungsfeinde« zu bestimmen und mit spezifischen juristischen Sanktionen zu bekämpfen.
Grundrechtsverletzungen im Bereich der »Inneren Sicherheit« führen dazu, daß Oppositionelle zum »Störer« gemacht und als solche mittels der elektronischen Datenverarbeitung erfaßt und eingeschüchtert, durch hoheitliche Verrufserklärungen für »friedlos« erklärt werden. Wer sich nicht fügt, wird finanziell in die Zange genommen, durch Zwangsgeld, Polizeikosten, Schadenersatzansprüche und mit der Drohung unter Druck gesetzt, keinen Arbeitsplatz zu bekommen oder den bisherigen zu verlieren (man denke an Berufsverbote und Sicherheitsüberprüfungen).

Vor allem die Entwicklung der Atomindustrie und der elektronischen Datenverarbeitung bringt neue Zugriffsmöglichkeiten für die Exekutive. Die von Kritikern jetzt vorgenommene Gegenübersetzung Rechtsstaat und Atomstaat soll deutlich machen, daß in der Hand der Exekutive nicht nur die Entscheidung über die Einführung und den Umfang von Industrieeinrichtungen liegt, die ungeheure Gefahren in sich bergen, sondern auch die Schaffung eines für die Privatwirtschaft bisher nicht existenten Sicherheits- und Überprüfungsnetzes. Die Entwicklung der elektronischen Datenverarbeitung schließt – trotz des Datenschutzgesetzes und der neugeschaffenen Institution von Datenschutzbeauftragten – nicht hinreichend für den Staatsbürger die Gefahr einer totalen Datenerfassung für bestimmte Sicherheitszwecke aus. Die unter Berufung auf einen »rechtfertigenden Notstand« (§ 34 StGB) möglichen Gefahren des Mißbrauchs elektronischer Daten sind nicht gebannt.

Die Bedeutung der elektronischen Datenverarbeitung beleuchten einige Sätze des früheren Präsidenten des Bundeskriminalamtes, Horst Herold. Fasziniert von der Möglichkeit der elektronischen Datenverarbeitung, menschliches Wissen »in allen gewünschten Zusammenhängen« verarbeitungsfähig zu machen, hat Herold eine neue Ideologie des Polizeistaates entwickelt und dabei der Polizei eine »andere, höherstufige«, dem Rang nach »gesellschaftssanitäre Aufgabe« zugesprochen, die die Polizei »aus der bloßen Vollstreckerrolle« befreit: »Den Realitäten am unmittelbarsten konfrontiert verfügt die Polizei über ein allen anderen Staatsorganen überlegenes Erkenntnisprivileg, Einsichten zu gewinnen in abweichende Verhaltensweisen und Strukturdefekte der Gesellschaft. Ihre Fähigkeit, für einen wichtigen Teil der gesellschaftlichen Entwicklung Diagnosen zu liefern, befreit sie aus der bloßen Vollstreckerrolle, in der zu parieren und zu funktionieren sie bisher gezwungen war.«[16]

Das Entstehen einer Exekutivmacht, die sich auf Grund der skizzierten Sonderbefugnisse in der Mystifizierung »Staat« gegenüber der Verfassung verselbständigt, zeigt den Widerspruch auf, zwischen den politischen, sozialen und ökonomischen Gestaltungsmöglichkeiten einer auf Demokratie und Freiheitsrechten beruhenden Verfassung einerseits und den akuten Funktionserfordernissen und präventiven Absicherungsmaßnahmen eines auf kapitalistischer Produktion beruhenden Gesellschaftssystems andererseits. Da nicht exakt zu bestimmen ist, wie ausgeprägt demokratisches Bewußtsein in der Bundesrepublik heute ist, ist angesichts möglicher nationaler und internationaler Reaktionen und nicht zuletzt dank des eigenen Selbstverständnisses von Politikern und Beamten unter den gegenwärtigen ökonomischen Voraussetzungen, die Gefahr gering, daß das Grundgesetz beseitigt wird durch einen Staatsstreich oder eine vergleichbare politische Aktion. Aber gerade weil das so ist, wird die schleichende Aushöhlung oder Auszehrung der Verfassung zum zentralen Problem für die Bundesrepublik Deutschland.

Im Jahre 1972 gelang es, unter der Bezeichnung »Innere Sicherheit« zusätzlich Befugnisse für den inneren Notstand zu verabschieden, die angesichts der Notstandsopposition 1968 nicht durchgesetzt werden konnten. Im Bundestag gab es nur eine Gegenstimme: Die Auseinandersetzung um die »Innere Sicherheit« zeigt, daß diejenigen politischen Kräfte, die an dieser Grundgesetzänderung und der Verabschiedung der »Sicherheitsgesetze« interessiert waren, aus der Auseinandersetzung um die Notstandsgesetzgebung gelernt hatten. Es gelang diesen politischen Kräften, in der Bundesrepublik ein solches Klima zu schaffen, daß die im Bundestag vertretenen politischen Parteien weniger über den Inhalt des Gesetzgebungswerkes stritten, als darüber, wer die Dringlichkeit einer schnellen Verabschiedung am meisten betont habe. Seit 1968 wurde in der Bundesrepublik ein Sicherheitsapparat geschaffen, der in dieser Form 1949 unvorstellbar war und der längst nichts mehr mit einer »blechernen Rüstung in dunklen Fährnissen«[17] zu tun hat, sondern geeignet ist, die Struktur der Bundesrepublik in ihrer Substanz zu verändern. Die damit entstandene Exekutivmacht ist ein Stück Verfassungswirklichkeit.

Der Kampf gegen die wachsende Exekutivmacht und ihre Sonderbefugnisse kann nicht bestanden werden mit den alten Parolen aus dem Arsenal des Kampfes gegen den Faschismus. Diese Losungen werden der Situation nicht gerecht. Exekutivmacht in der hier skizzierten verselbständigten Form beruht im wesentlichen auf Sonderbefugnissen, die legitimiert werden als Maßnahmen zur akuten oder vorbeugenden Krisenbekämpfung. Vor allem im Bereich der »Inneren Sicherheit« geht es um »notständische Ersatzfunktionen«, gleichsam um einen vorverlegten, und damit in bestimmten Bereichen »permanenten« Notstand. Maßnahmen einer vorbeugenden Notstandsvorsorge sind an die Stelle der klassischen Ausnahmebefugnisse der Exekutive getreten. Durch sie soll der Ausbruch eines offenen Ausnahmeszustandes verhindert werden.

Wenn der Exekutivmacht in Deutschland präventive Notstandsvorsorge übertragen oder überlassen wird, dann bedeutet das in der Regel, daß als Gegner nicht nur diejenigen ausgemacht werden, die zielbewußt einen politischen Umsturz anstreben, sondern auch diejenigen, die den gesellschaftlichen status quo in Frage stellen. Schon die abweichende Interpretation in zentralen ökologischen Fragen kann in den Augen der Exekutive den Keim eines Notstandsfalles in sich bergen. Da im Gefolge der studentischen Protestbewegung die Interpretationsherrschaft des Bürgertums in wichtigen Bereichen in Frage gestellt worden ist, bedeutet präventive Notstandsvorsorge für die Exekutive, Eingriff in den Kampf um die Interpretationsherrschaft und den Versuch zur Wiederherstellung der kulturellen Hegemonie. Anders ausgedrückt: legitime Alternativen innerhalb des verfassungsrechtlichen Rahmens werden eingeengt. Sobald präventive Notstandsvorsorge auch die Kritik am gesellschaftlichen status quo einbezieht, wird eine Errungenschaft des modernen Verfassungsstaates preisgegeben, staatliche Sanktionen nur gegen gesetzwidriges Verhalten zu ergreifen. Vorbeugende Notstandsvorsorge bewertet auch die potentielle individuelle Gefährlichkeit, nicht das Verhalten, sondern die Gesinnung und wird damit zur Inquisition.

Die präventive Notstandsvorsorge kollidiert hier notwendig mit den durch die Verfassung garantierten Staatsbürgerrechten. Weil diese Freiheitsrechte, insbesondere die Meinungsfreiheit, Koalitionsfreiheit und Demonstrationsfreiheit, aber auch bestimmte Verfahrenssicherungen im Bewußtsein des politisch aktiven Teils der Bevölkerung nicht als bloße Phrase gelten, sondern immer mehr in ihrer realen Bedeutung als Voraussetzung für die eigene Teilhabe am demokratischen Prozeß erkannt werden, ist die Entscheidung noch offen, ob und in welcher Weise die Exekutive die Versuche realisieren kann, Maßnahmen der präventiven Notstandsvorsorge auszuweiten.

Die Zukunft des Grundgesetzes

Zwar ist gegenwärtig unwahrscheinlich, daß die Verfassung der Bundesrepublik Deutschland in ihrem geschriebenen Text grundsätzlich geändert wird; aber angesichts der Bekämpfung von Wirtschaftskrisen, gegenüber einer langwierigen Stagnation oder in Auseinandersetzung mit politischen Kräften oder Initiativen, die sich durch die im Bundestag vertretenen Parteien nicht oder nur partiell repräsentiert sehen, wächst die Gefahr, daß das Grundgesetz – als Rahmen für die Auseinandersetzungen politischer und sozialer Kräfte – durch Auslegung oder durch Übereinkommen reduziert wird auf einen schmalen Spielraum, den ausschließlich die großen im Bundestag vertretenen Parteien oder das Bundesverfassungsgericht durch freie Auslegung der Verfassung mit Begriffen wie Wertordnung oder Funktionsfähigkeit festlegen.

Die durch den Text der Verfassung angestrebte demokratische und rechtsstaatliche Struktur unseres Gemeinwesens ist in dem Maße bedroht, in dem das Grundgesetz unterminiert wird durch Zonen, in denen fundamentale Prinzipien der Verfassung nicht mehr in jedem Fall und unter allen Umständen als unüberschreitbare Grenze anerkannt werden.

Angesichts neuer Herausforderungen, angesichts neuer Kommunikationstechnologien und gegenüber Problemen, die damit zusammenhängen, daß das Bruttosozialprodukt nicht immer und in dem lange Zeit als selbstverständlich angesehenen Umfang gesteigert werden kann, überlagern neue Frontstellungen den verfassungsrechtlichen Rahmen des Grundgesetzes. Es besteht die Gefahr, daß wirtschaftliche Krisen ausgenutzt werden, rechts- und sozialstaatliche Sicherungen abzubauen.

Der einst durch die Menschenrechte formulierte Abwehr- und Gestaltungsanspruch wird in Frage gestellt durch technische Großprojekte (man denke an Projekte der Atomindustrie), durch technische Entwicklungen (beispielsweise in der elektronischen Datenverarbeitung) und durch die Komplexität eines politisch-gesellschaftlich-technischen Netzes von überindividuellen Verflechtungen, das den personalen Kern und den sozialen Bewegungsraum des einzelnen mehr und mehr verengt. Wenn es nicht gelingt, den durch die Grundrechte garantierten Abwehranspruch des Bürgers gegen politisch-soziale Übermacht und die Teilhabe des Bürgers an den relevanten Entscheidungen im Gemeinwesen neu zu installieren, werden die Restbestände des liberalen Rechtsstaates langfristig durch ein technokratisch-autoritäres System mit einem primär auf plebiszitäre Komponenten verkürzten Parlamen-

tarismus abgelöst werden, mit einer sehr weitgehenden Umwertung der Grundrechte in Pflichten des Bürgers und einigen Korrekturen durch Instanzen des Rechtsweges.
Ob die neuen Technologien Grundrechte aushöhlen und absolet werden lassen, muß in jedem Einzelfall geprüft werden.
Es gibt Anzeichen dafür, daß technische Großprojekte das traditionelle System des Grundrechtsschutzes, den Abwehranspruch des Einzelnen gegen den Staat und den Anspruch auf Kontrolle durch die Parlamente in Frage stellen. Aber noch haben Gerichte – das dürfen wir nicht übersehen – (wie zunächst in Sachen Deichbau vor Nordstrand und in Sachen Volkszählung) den individuellen Abwehranspruch anerkannt. Doch es gibt Tendenzen – gerade im Bereich der Atomtechnik – solche Abwehransprüche einzuschränken.
Es ist unbestreitbar, daß die Parlamente bei der Entscheidung über die finanzielle Förderung der Atomtechnik durch den Staat und bei den Entscheidungen über den Umfang des Ausbaus der Atomkraftwerke und über das »Wie« dieses Ausbaus (man denke an den Schnellen Brüter in Kalkar) häufig nur die Rolle des Statisten gespielt haben und den Expertenvorschlägen mehr oder minder ausgeliefert waren. Unbestreitbar ist auch, daß das Für und Wider in der Phase der wirklichen Entscheidung nie diskutiert und durch die Parlamente öffentlich gemacht worden ist.
Das gilt auch für die Entscheidung über die Einführung von Bildschirmtext, also einer Sache, die unser Leben in Zukunft nachhaltiger beeinflussen wird als zentrale Änderungen der Verfassung. Diese Entscheidung fiel auf der Ebene einer in der Verfassung nicht vorgesehenen Institution, der Ministerpräsidentenkonferenz. Die Länderparlamente können zu diesem Staatsvertrag nur noch Ja oder Nein sagen. Kontrollfunktionen im Stadium der Beratung haben weder diese Parlamente noch der Bundestag wahrgenommen. In einer wichtigen Detailfrage haben sich lediglich die Datenschutzbeauftragten zu Wort gemeldet, d. h. Beauftragte, die von der Exekutive eingesetzt sind, und bei denen es von der Zivilcourage abhängt, ob sie es durchhalten, gegen den Strom zu schwimmen.
Die Einführung der elektronischen Datenverarbeitung in die Staatsverwaltung ist in der Bedeutung mit der Ablösung der feierlich besiegelten Urkunde durch die moderne Aktenverwaltung zu vergleichen. Die Parlamente können noch entscheiden

über die Einführung solcher Systeme; es ist jedoch höchst zweifelhaft, was die sogenannte »freiheitsverbürgende Kraft« von Gesetzen noch vermag, wenn personenbezogene Daten erst gespeichert und kombiniert sind. Schon heute ist zu befürchten, daß die bisherigen Modelle des Datenschutzes nicht mehr ausreichen angesichts der neueren technischen Entwicklung, die dazu führt, daß bald niemand mehr feststellen kann, wohin die in einer Datei gespeicherten Daten bereits gelangt sind.

Die neue von der CDU geführte Regierung setzt den in der sozialliberalen Ära begonnenen Ausbau der elektronischen Datenverarbeitung voraus. Sie ist dabei, diesen Ausbau zu perfektionieren. Dazu gehört der maschinenlesbare Personalausweis. Damit wird jeder Bundesbürger in Sekundenschnelle erfaßbar; zugleich können dabei so viele personenbezogene Daten erschlossen werden, daß ein Verbund unterschiedlicher Dateien zu sogenannten Sicherheitszwecken möglich ist. Für einen solchen Gebrauch hat der Generalbundesanwalt Kurt Rebmann bereits eine Losung ausgegeben: »Sicherheit vor Datenschutz!«[18]

Der Amtsantritt der neuen Bundesregierung fällt zeitlich auch mit den Entscheidungen über die Einführung neuer Medien zusammen. Bildschirmtext schafft – abgesehen vom Problem der Veränderung der Arbeit und der Vernichtung von Arbeitsplätzen – neue Möglichkeiten, den Bürger in seinem personalen Kern zu erfassen. Ob die von den Datenschutzbeauftragten eingebauten Sicherungen auf die Dauer halten, ist zweifelhaft.

Für die Einführung neuer Technologien muß der Grundsatz gelten: Sie dürfen nur eingeführt werden, wenn sie gegen jede Form des Mißbrauchs gesichert sind. Im übrigen bleibt zu prüfen, ob gegenüber neuen Formen staatlicher Kontrolle und gegenüber neuen Technologien die persönlichen und demokratischen Freiheitsrechte des Bürgers neu formuliert werden müssen. So könnte beispielsweise ein Informationsrecht des Bürgers auf Akteneinsicht gegenüber Behörden Schutz vor staatlicher Übermacht gewähren.

Noch garantieren die Grundrechte den Anspruch des Bürgers auf Freiheit und demokratische Teilhabe an der Willensbildung des Volkes. Solange die Grundrechte in allen Bereichen als Abwehr- und Teilhaberechte anerkannt werden, können sie ein Bollwerk dagegen sein, daß tatsächliche Machtverhältnisse den geschriebenen Text der Verfassung in eine substanzlose Hülle verwandelt.

Anmerkungen

1 Siehe dazu die Literaturhinweise S. 31.
2 Wolfgang Perschel, »Verfassungsrecht im Loseblatt-System«, in: *neue politische Literatur*, Jg. 14, H. 1969, S. 443 ff.
3 Ferdinand Lassalle, *Gesammelte Reden und Schriften*, hrsg. v. Eduard Bernstein, Bd. 2, Berlin, 1919, S. 58.
4 Text zusammen mit dem englischen und französischen Originaltext abgedruckt in: Berto von Doemming u. a., »Entstehungsgeschichte der Artikel des Grundgesetzes«, in: *Jahrbuch des Öffentlichen Rechts*, NF, Bd. 1, Tübingen, 1951, S. 1 ff.
5 Vgl. dazu Volker Otto, *Das Staatsverständnis des Parlamentarischen Rates*, Düsseldorf, 1971, S. 30.
6 »Jetzt heißt es: fest bleiben!« Rede Kurt Schumachers vom 20. April 1949, hrsg. v. Vorstand der SPD, Hannover (1949); Entschließung zum Grundgesetz (20. April 1949 in Hannover), in: Jahrbuch der Sozialdemokratischen Partei Deutschlands 1948/1949, hrsg. vom Vorstand der SPD, S. 138 f.
7 Zitiert nach: Arno Scholz, Kurt Schumacher – Leben und Leistung, in: Arno Scholz u. Walter G. Oschilewski (Hrsg.), Turmwächter der Demokratie. Ein Lebensbild von Kurt Schumacher, Bd. 1, Sein Weg durch die Zeit, Berlin, 1954, S. 220.
8 Vgl. dazu die Tabelle über »Die Ratifizierung des Grundgesetzes durch die Landtage« in: Peter H. Merkl, Die Entstehung der Bundesrepublik Deutschland, 2. Aufl., Stuttgart/Berlin/Köln/Mainz, 1968, S. 159.
9 Friedrich Karl Fromme, »Von der Weimarer Verfassung zum Bonner Grundgesetz«. Die verfassungspolitischen Folgerungen des Parlamentarischen Rates aus Weimarer Republik und nationalsozialistischer Diktatur, 2. Aufl., Tübingen, 1962. S. 9.
10 Eduard Dreher, »Das parlamentarische System des Bonner Grundgesetzes im Vergleich zur Weimarer Reichsverfassung«, in: *Neue Juristische Wochenschrift*, J. 3, H. 4, 1950, S. 130.
11 Verfassungsausschuß der Ministerpräsidenten-Konferenz der westlichen Besatzungszonen (Hrsg.), Bericht über den Verfassungskonvent auf Herrenchiemsee vom 10. bis 25. August 1948, München (1948), S. 39.
12 S. dazu und zur Auseinandersetzung um den Wehrbeitrag Arnulf Baring, Außenpolitik in Adenauers Kanzlerdemokratie, Bonns Beitrag zur Europäischen Verteidigungsgemeinschaft, München, Wien 1969 (Taschenbuchausgaben 1971 u. 1982).
13 Bundestagsfraktion der SPD (Hrsg.), Sozialdemokratische Stimmen zum Notstandsproblem, 3. Aufl., Bonn 1963, S. 10.
14 Zur »Inneren Sicherheit« s. Jürgen Seifert, »Innere Sicherheit«: Risiko für die Demokratie, in: Arno Klönne u. a., Lebendige Verfassung – das Grundgesetz in Perspektive, Neuwied, 1981, S. 145 ff. u. Martin Kutscha u. Norman Paech (Hrsg.), Im Staat der »Inneren Sicherheit«. Polizei, Verfassungsschutz, Geheimdienste, Datenkontrolle im Betrieb, Frankfurt am Main, 1981.
15 Schriftlicher Bericht des Innenausschusses des Deutschen Bundestages v. 15. 6. 1972, Zu Bundestagsdrucksache VI/3533, S. 7.
16 Horst Herold, Künftige Einsatzformen der EDV und ihre Auswirkungen im Bereich der Polizei, in: Kriminalistik, H. 9, 1974.

17 Werner Weber, »Spannungen und Kräfte im westdeutschen Verfassungssystem«, Stuttgart, 1951, S. 29; 3. Aufl., Berlin 1970, S. 27.
18 Kurt Rebmann, »Sicherheit vor Datenschutz – nicht umgekehrt«, in: *Kriminalistik*, H. 3, 1982, S. 153 f.; siehe dazu: Hans Peter Bull, »Sicherheit *und* Datenschutz – keine Alternative«, *ebda*, H. 4, 1982, S. 226 f.

Literaturhinweise

Wolfgang Abendroth, *Das Grundgesetz*, Stuttgart, 1966 (weitere Auflagen).

Ulrich Albrecht, u. a., *Geschichte der Bundesrepublik. Beiträge*, Köln, 1982.

Akten zur Vorgeschichte der Bundesrepublik Deutschland 1945–1949, hrsg. v. Bundesarchiv und Institut für Zeitgeschichte, München, 1976 f.

Rolf Badstübner, *Restauration in Westdeutschland, 1945–1949*, Berlin [Ost], 1965.

Michael Balfour, *Vier-Mächte-Kontrolle in Deutschland, 1945–1946*, Düsseldorf, 1959.

Arnulf Baring, *Außenpolitik in Adenauers Kanzlerdemokratie*, München, Wien, 1969; Taschenausgaben: München 1969, 1982 als: *Am Anfang war Adenauer*.

Josef Becker u. a., Hrsg., *Vorgeschichte der Bundesrepublik Deutschland. Zwischen Kapitulation und Grundgesetz*, München, 1979.

Wolfgang Benz, Hrsg., *»Bewegt von den Hoffnungen aller Deutschen«. Zur Geschichte des Grundgesetzes. Entwürfe und Diskussionen 1941–1949*, München, 1979.

Ernst Benda, Werner Maihofer, Hans-Jochen Vogel, Hrsg., *Handbuch des Verfassungsrechts der Bundesrepublik Deutschland*, Berlin, New York, 1983.

Ulrich Borsdorf, Lutz Niethammer, Hrsg. *Zwischen Befreiung und Besatzung*, Wuppertal, 1976.

Alexander v. Brünneck, *Politische Justiz gegen Kommunisten in der Bundesrepublik Deutschland 1949–1968*, Frankfurt/M., 1978.

Brun-Otto Bryde, *Verfassungsentwicklung. Stabilität und Dynamik im Verfassungsrecht der Bundesrepublik Deutschland*, Baden-Baden, 1982.

Erhard Denninger, *Staatsrecht*, Bd. 1 und 2, Reinbek, 1973 und 1979.

Erhard Denninger, Hrsg., *Freiheitliche demokratische Grundordnung*, Bd. 1 und 2, Frankfurt/M., 1969.

Klaus-Berto v. Doemming, Rudolf Werner Füsslein, Werner Matz, »Entstehungsgeschichte der Artikel des Grundgesetzes«,

Jahrbuch des öffentlichen Rechts der Gegenwart. Neue Folge, Bd. 1, Tübingen, 1951.
Entscheidungen des Bundesverfassungsgerichts, hrsg. v. Mitarbeitern des Bundesverfassungsgerichts, Tübingen, 1950 ff.
FRIEDRICH KARL FROMME, *Von der Weimarer Verfassung zum Bonner Grundgesetz. Die verfassungspolitischen Folgerungen des Parlamentarischen Rates aus Weimarer Republik und nationalsozialistischer Diktatur*, Tübingen, 1960 (und 1962).
ERNST FORSTHOFF, *Der Staat der Industriegesellschaft. Dargestellt am Beispiel der Bundesrepublik Deutschland*, München, 1971.
JOHN GIMBEL, *Amerikanische Besatzungspolitik in Deutschland 1945–1949*, Frankfurt/M., 1971.
ALFRED GROSSER, *Deutschlandbilanz. Geschichte Deutschlands seit 1945*, München, 1970 (weitere Auflagen).
FRANK GRUBE, GERHARD RICHTER, Hrsg., *Der SPD-Staat*, München, 1977.
HANS-HERMANN HARTWICH, *Sozialstaatspostulat und gesellschaftlicher status quo*, Opladen, 1970.
KONRAD HESSE, *Grundzüge des Verfassungsrechts der Bundesrepublik Deutschland*, 13. Aufl., Karlsruhe, 1982.
ERNST RUDOLF HUBER, *Quellen zum Staatsrecht der Neuzeit*. Bd. 2. *Deutsche Verfassungsdokumente der Gegenwart (1919–1951)*, Tübingen, 1951.
DETLEV HUSTER u. a., *Determinanten der westdeutschen Restauration 1945–1974*, Frankfurt/M., 1975.
FRIEDRICH KLEIN, *Neues Deutsches Verfassungsrecht*, Frankfurt/M., 1949.
ARNO KLÖNNE u. a., *Lebendige Verfassung – das Grundgesetz in Perspektive*, Neuwied, Darmstadt, 1981.
Kommentar zum Bonner Grundgesetz [Bonner Kommentar], Hamburg, 1950; vgl. insbesondere die Einleitung.
MAREN KROHN, *Die gesellschaftlichen Auseinandersetzungen um die Notstandsgesetze*, Köln, 1981.
MARTIN KUTSCHA, *Verfassung und ›streitbare Demokratie‹*, Köln, 1979.
MARTIN KUTSCHA, NORMAN PAECH, Hrsg., *Im Staat der »Inneren Sicherheit«*, Frankfurt/M., 1981.
HANS GEORG LEHMANN, *Chronik der Bundesrepublik Deutschland 1945/49 bis 1981*, München, 1981.
RICHARD LÖWENTHAL, HANS-PETER SCHWARZ, Hrsg., *Die zweite*

Republik. 25 Jahre Bundesrepublik Deutschland – eine Bilanz, Stuttgart, 1974.

HERMANN VON MANGOLDT, *Das Bonner Grundgesetz*, Berlin, Frankfurt, 1953; 2. Aufl.: Hermann von Mangoldt, Friedrich Klein, Bd. 1 und 2, 1957 (Neudruck 1966) und 1964.

THEODOR MAUNZ, GÜNTER DÜRIG, ROMAN HERZOG, RUPERT SCHOLZ, *Grundgesetz, Kommentar*, München.

UDO MAYER, GERHARD STUBY, Hrsg., *Die Entstehung des Grundgesetzes. Beiträge und Dokumente*, Köln, 1976.

PETER H. MERKL, *Die Entstehung der Bundesrepublik Deutschland*, Stuttgart, 1965 (zuerst New York 1963).

WOLF-DIETER NARR, DIETER THRÄNHARDT, Hrsg., *Die Bundesrepublik Deutschland. Entstehung – Entwicklung – Struktur*, Hanstein, 1979.

HANS NAWIASKY, *Die Grundgedanken des Grundgesetzes für die Bundesrepublik Deutschland*, Stuttgart, Köln, 1950.

KARLHEINZ NICLAUSS, *Demokratiegründung in Westdeutschland. Die Entstehung der Bundesrepublik 1945–1949*, München, 1974.

VOLKER OTTO, *Das Staatsverständnis des Parlamentarischen Rates* Düsseldorf, 1971.

Parlamentarischer Rat, Stenographische Berichte über die zwölf Sitzungen des Plenums des Parlamentarischen Rates; Verhandlungen des Hauptausschusses Bonn 1948/49; Schriftlicher Bericht zum Entwurf des Grundgesetzes; Grundgesetz für die Bundesrepublik Deutschland (Entwürfe); Verhandlungen des Parlamentarischen Rates, Drucksachen; Bonn, 1949.

Der Parlamentarische Rat 1948–1949. Akten und Protokolle, Bearbeitung v. Johannes Volker Wagner, Boppard, 1975 f.

JOACHIM PERELS, Hrsg., *Grundrechte als Fundament der Demokratie*, Frankfurt/M., 1979.

THEO PIRKER, *Die verordnete Demokratie. Grundlagen und Erscheinungen der »Restauration«*, Berlin, 1977.

TILMAN PÜNDER, *Das bizonale Interregnum. Die Geschichte des Vereinigten Wirtschaftsgebietes 1946–1949*, Rastatt, 1966.

HELMUT RIDDER, *Die soziale Ordnung des Grundgesetzes. Leitfaden zu den Grundrechten einer Demokratischen Verfassung*, Opladen, 1975.

ALEXANDER ROSSNAGEL, *Die Änderungen des Grundgesetzes. Eine Untersuchung der politischen Funktion von Verfassungsänderungen*, Frankfurt/M., 1981.

Hans-Jörg Ruhl, Hrsg., *Neubeginn und Restauration. Dokumente zur Vorgeschichte der Bundesrepublik Deutschland 1945–1949*, München 1982.

Hans Karl Rupp, *Politische Geschichte der Bundesrepublik*, Stuttgart, 1978.

Gert Schäfer, Carl Nedelmann, Hrsg., *Der CDU-Staat. Studien zur Verfassungswirklichkeit der Bundesrepublik*, München, 1976; Frankfurt/M., 1969.

Hans-Peter Schwarz, *Die Ära Adenauer. Gründerjahre der Republik, 1949–1957*, Wiesbaden, 1981.

Jürgen Seifert, *Grundgesetz und Restauration.* Verfassungsrechtliche Analyse und dokumentarische Darstellung des Grundgesetzes vom 23. Mai 1949 mit sämtlichen Änderungen, 3. Aufl., Neuwied, Darmstadt, 1977.

Kurt Sontheimer, *Die verunsicherte Republik. Die Bundesrepublik nach 30 Jahren*, München, 1979.

Werner Sörgel, *Konsensus und Interesse. Eine Studie zur Entstehung des Grundgesetzes für die Bundesrepublik Deutschland*, Stuttgart, 1969.

Theo Stammen, Hrsg. *Einigkeit und Recht und Freiheit. Westdeutsche Innenpolitik 1945–1955*, München, 1965.

Ekkehart Stein, *Lehrbuch des Staatsrechts*, 6. Aufl., Tübingen, 1982.

Klaus Stern, *Das Staatsrecht der Bundesrepublik Deutschland*, Bd. 1 und 2, München 1977 und 1980.

Dieter Sterzel, Hrsg., *Kritik der Notstandsgesetze, Kommentierungen*, Frankfurt/M., 1968 (u. 1969).

US High Commisserner for Germany, Hrsg., *Quaterly Report on Germany*, 1. (1949) bis 12. (1952); ab 4. (1950) auch in deutsch: *Vierteljahresbericht über Deutschland.*

Verfassungsausschuß der Ministerpräsidenten-Konferenz der westlichen Besatzungszonen, Hrsg., *Bericht über den Verfassungskonvent auf Herrenchiemsee vom 10. bis 25. August 1948*, München, 1948.

Werner Weber, *Spannungen und Kräfte im westdeutschen Verfassungssystem*, 3. Aufl., Berlin, 1970.

Westdeutschlands Weg zur Bundesrepublik 1945–1949. Beiträge von Mitarbeitern des Instituts für Zeitgeschichte, München, 1976.

Grundgesetz für die Bundesrepublik Deutschland

Vom 23. Mai 1949 (BGBl. S. 1)
letzte berücksichtigte Änderung:
Vierunddreißigstes Gesetz zur Änderung des Grundgesetzes vom
23. Juli 1976 (BGBl. I S. 2383)

Der Parlamentarische Rat hat am 23. Mai 1949 in Bonn am Rhein
in öffentlicher Sitzung festgestellt, daß das am 8. Mai des Jahres
1949 vom Parlamentarischen Rat beschlossene Grundgesetz für
die Bundesrepublik Deutschland in der Woche vom 16. bis 22. Mai
1949 durch die Volksvertretungen von mehr als Zweidritteln der
beteiligten deutschen Länder angenommen worden ist.
Auf Grund dieser Feststellung hat der Parlamentarische Rat,
vertreten durch seine Präsidenten, das Grundgesetz ausgefertigt
und verkündet.
Das Gesetz wird hiermit gemäß Artikel 145 Abs. 3 im Bundesgesetzblatt veröffentlicht:

Präambel*

Im Bewußtsein seiner Verantwortung vor Gott und den Menschen,
von dem Willen beseelt, seine nationale und staatliche Einheit zu
wahren und als gleichberechtigtes Glied in einem vereinten Europa dem Frieden der Welt zu dienen, hat das Deutsche Volk
in den Ländern Baden, Bayern, Bremen, Hamburg, Hessen,
Niedersachsen, Nordrhein-Westfalen, Rheinland-Pfalz, Schleswig-Holstein, Württemberg-Baden und Württemberg-Hohenzollern,
um dem staatlichen Leben für eine Übergangszeit eine neue
Ordnung zu geben,
kraft seiner verfassungsgebenden Gewalt dieses Grundgesetz der
Bundesrepublik Deutschland beschlossen.
Es hat auch für jene Deutschen gehandelt, denen mitzuwirken
versagt war.
Das gesamte Deutsche Volk bleibt aufgefordert, in freier Selbstbestimmung die Einheit und Freiheit Deutschlands zu vollenden.

---

* Die durch Verfassungsänderungen aufgehobenen Passagen des Grundgesetzes sind
im kleineren Schriftgrad und eingerückt abgedruckt.
Die vor dem Abdruck einer Gesetzesänderung angeführte Zahl verweist auf die in
der Übersicht genannte chronologische Numerierung der ändernden Gesetze.

I. Die Grundrechte

Art. 1 (Menschenwürde)
(1) Die Würde des Menschen ist unantastbar. Sie zu achten und zu schützen ist Verpflichtung aller staatlichen Gewalt.
(2) Das deutsche Volk bekennt sich darum zu unverletzlichen und unveräußerlichen Menschenrechten als Grundlage jeder menschlichen Gemeinschaft, des Friedens und der Gerechtigkeit in der Welt.
<small>(3) Die nachfolgenden Grundrechte binden Gesetzgebung, Verwaltung und Rechtsprechung als unmittelbar geltendes Recht.</small>

7 Artikel 1 Abs. 3 erhält durch Gesetz vom 19. 3. 1956 (BGBl. I S. 111) folgende Fassung:
(3) Die nachfolgenden Grundrechte binden Gesetzgebung, vollziehende Gewalt und Rechtsprechung als unmittelbar geltendes Recht.

Art. 2 (Allgemeines Freiheitsrecht)
(1) Jeder hat das Recht auf die freie Entfaltung seiner Persönlichkeit, soweit er nicht die Rechte anderer verletzt und nicht gegen die verfassungsmäßige Ordnung oder das Sittengesetz verstößt.
(2) Jeder hat das Recht auf Leben und körperliche Unversehrtheit. Die Freiheit der Person ist unverletzlich. In diese Rechte darf nur auf Grund eines Gesetzes eingegriffen werden.

Art. 3 (Gleichheitsgrundsatz)
(1) Alle Menschen sind vor dem Gesetz gleich.
(2) Männer und Frauen sind gleichberechtigt.
(3) Niemand darf wegen seines Geschlechtes, seiner Abstammung, seiner Rasse, seiner Sprache, seiner Heimat und Herkunft, seines Glaubens, seiner religiösen oder politischen Anschauungen benachteiligt oder bevorzugt werden.

Art. 4 (Glaubens-, Gewissens- und Religionsfreiheit)
(1) Die Freiheit des Glaubens, des Gewissens und die Freiheit des religiösen und weltanschaulichen Bekenntnisses sind unverletzlich.
(2) Die ungestörte Religionsausübung wird gewährleistet.

(3) Niemand darf gegen sein Gewissen zum Kriegsdienst mit der Waffe gezwungen werden. Das Nähere regelt ein Bundesgesetz.

Art. 5 (Meinungs- und Informationsfreiheit)
(1) Jeder hat das Recht, seine Meinung in Wort, Schrift und Bild frei zu äußern und zu verbreiten und sich aus allgemein zugänglichen Quellen ungehindert zu unterrichten. Die Pressefreiheit und die Freiheit der Berichterstattung durch Rundfunk und Film werden gewährleistet. Eine Zensur findet nicht statt.
(2) Diese Rechte finden ihre Schranken in den Vorschriften der allgemeinen Gesetze, den gesetzlichen Bestimmungen zum Schutze der Jugend und in dem Recht der persönlichen Ehre.
(3) Kunst und Wissenschaft, Forschung und Lehre sind frei. Die Freiheit der Lehre entbindet nicht von der Treue zur Verfassung.

Art. 6 (Schutz von Ehe und Familie; nichteheliche Kinder)
(1) Ehe und Familie stehen unter dem besonderen Schutze der staatlichen Ordnung.
(2) Pflege und Erziehung der Kinder sind das natürliche Recht der Eltern und die zuvörderst ihnen obliegende Pflicht. Über ihre Betätigung wacht die staatliche Gemeinschaft.
(3) Gegen den Willen der Erziehungsberechtigten dürfen Kinder nur auf Grund eines Gesetzes von der Familie getrennt werden, wenn die Erziehungsberechtigten versagen oder wenn die Kinder aus anderen Gründen zu verwahrlosen drohen.
(4) Jede Mutter hat Anspruch auf den Schutz und die Fürsorge der Gemeinschaft.
(5) Den unehelichen Kindern sind durch die Gesetzgebung die gleichen Bedingungen für ihre leibliche und seelische Entwicklung und ihre Stellung in der Gesellschaft zu schaffen wie den ehelichen Kindern.

Art. 7 (Schulwesen, Religionsunterricht)
(1) Das gesamte Schulwesen steht unter der Aufsicht des Staates.
(2) Die Erziehungsberechtigten haben das Recht, über die Teilnahme des Kindes am Religionsunterricht zu bestimmen.
(3) Der Religionsunterricht ist in den öffentlichen Schulen mit Ausnahme der bekenntnisfreien Schulen ordentliches Lehrfach. Unbeschadet des staatlichen Aufsichtsrechtes wird der Religions-

unterricht in Übereinstimmung mit den Grundsätzen der Religionsgemeinschaften erteilt. Kein Lehrer darf gegen seinen Willen verpflichtet werden, Religionsunterricht zu erteilen.
(4) Das Recht zur Errichtung von privaten Schulen wird gewährleistet. Private Schulen als Ersatz für öffentliche Schulen bedürfen der Genehmigung des Staates und unterstehen den Landesgesetzen. Die Genehmigung ist zu erteilen, wenn die privaten Schulen in ihren Lehrzielen und Einrichtungen sowie in der wissenschaftlichen Ausbildung ihrer Lehrkräfte nicht hinter den öffentlichen Schulen zurückstehen und eine Sonderung der Schüler nach den Besitzverhältnissen der Eltern nicht gefördert wird. Die Genehmigung ist zu versagen, wenn die wirtschaftliche und rechtliche Stellung der Lehrkräfte nicht genügend gesichert ist.
(5) Eine private Volksschule ist nur zuzulassen, wenn die Unterrichtsverwaltung ein besonderes pädagogisches Interesse anerkennt oder, auf Antrag von Erziehungsberechtigten, wenn sie als Gemeinschaftsschule, als Bekenntnis- oder Weltanschauungsschule errichtet werden soll und eine öffentliche Volksschule dieser Art in der Gemeinde nicht besteht.
(6) Vorschulen bleiben aufgehoben.

Art. 8 (Versammlungsfreiheit)
(1) Alle Deutschen haben das Recht, sich ohne Anmeldung oder Erlaubnis friedlich und ohne Waffen zu versammeln.
(2) Für Versammlungen unter freiem Himmel kann dieses Recht durch Gesetz oder auf Grund eines Gesetzes beschränkt werden.

Art. 9 (Vereinigungsfreiheit)
(1) Alle Deutschen haben das Recht, Vereine und Gesellschaften zu bilden.
(2) Vereinigungen, deren Zwecke oder deren Tätigkeit den Strafgesetzen zuwiderlaufen oder die sich gegen die verfassungsmäßige Ordnung oder gegen den Gedanken der Völkerverständigung richten, sind verboten.
(3) Das Recht, zur Wahrung und Förderung der Arbeits- und Wirtschaftsbedingungen Vereinigungen zu bilden, ist für jedermann und für alle Berufe gewährleistet. Abreden, die dieses Recht einschränken oder zu behindern suchen, sind nichtig, hierauf gerichtete Maßnahmen sind rechtswidrig.

17 Artikel 9 Abs. 3 wird durch Gesetz vom 24. 6. 1968 (BGBl. I S. 709) durch folgenden Satz ergänzt:
Maßnahmen nach den Artikeln 12 a, 35 Abs. 2 und 3, Artikel 87 a Abs. 4 und Artikel 91 dürfen sich nicht gegen Arbeitskämpfe richten, die zur Wahrung und Förderung der Arbeits- und Wirtschaftsbedingungen von Vereinigungen im Sinne des Satzes 1 geführt werden.

Art. 10 (Brief-, Post- und Fernmeldegeheimnis)
Das Briefgeheimnis sowie das Post- und Fernmeldegeheimnis sind unverletzlich. Beschränkungen dürfen nur auf Grund eines Gesetzes angeordnet werden.

17 Artikel 10 erhält durch Gesetz vom 24. 6. 1968 (BGBl. I S. 709) folgende Fassung:
(1) Das Briefgeheimnis sowie das Post- und Fernmeldegeheimnis sind unverletzlich.
(2) Beschränkungen dürfen nur auf Grund eines Gesetzes angeordnet werden. Dient die Beschränkung dem Schutze der freiheitlichen demokratischen Grundordnung oder des Bestandes oder der Sicherung des Bundes oder eines Landes, so kann das Gesetz bestimmen, daß sie dem Betroffenen nicht mitgeteilt wird und daß an die Stelle des Rechtsweges die Nachprüfung durch von der Volksvertretung bestellte Organe und Hilfsorgane tritt.

Art. 11 (Freizügigkeit)
(1) Alle Deutschen genießen Freizügigkeit im ganzen Bundesgebiet.
(2) Dieses Recht darf nur durch Gesetz und nur für alle Fälle eingeschränkt werden, in denen eine ausreichende Lebensgrundlage nicht vorhanden ist und der Allgemeinheit daraus besondere Lasten entstehen würden und in denen es zum Schutze der Jugend vor Verwahrlosung, zur Bekämpfung von Seuchengefahr oder um strafbaren Handlungen vorzubeugen, erforderlich ist.

17 Artikel 11 Abs. 2 erhält durch Gesetz vom 24. 6. 1968 (BGBl. I S. 709) folgende Fassung:
(2) Dieses Recht darf nur durch Gesetz oder auf Grund eines Gesetzes und nur für die Fälle eingeschränkt werden, in denen eine ausreichende Lebensgrundlage nicht vorhanden ist und der Allgemeinheit daraus besondere Lasten entstehen würden oder in denen es zur Abwehr einer drohenden Gefahr für den Bestand oder die freiheitliche demokratische Grundordnung des Bundes oder eines

Landes, zur Bekämpfung von Seuchengefahr, Naturkatastrophen oder besonders schweren Unglücksfällen, zum Schutze der Jugend vor Verwahrlosung oder um strafbaren Handlungen vorzubeugen, erforderlich ist.

Art. 12 (Berufsfreiheit)

(1) Alle Deutschen haben das Recht, Beruf, Arbeitsplatz und Ausbildungsstätte frei zu wählen. Die Berufsausübung kann durch Gesetz geregelt werden.

(2) Niemand darf zu einer bestimmten Arbeit gezwungen werden, außer im Rahmen einer herkömmlichen allgemeinen, für alle gleichen öffentlichen Dienstleistungspflicht.

(3) Zwangsarbeit ist nur bei einer gerichtlich angeordneten Freiheitsentziehung zulässig.

17 Artikel 12 erhält durch Gesetz vom 19. 3. 1956 (BGBl. I S. 111) folgende Fassung:

(1) Alle Deutschen haben das Recht, Beruf, Arbeitsplatz und Ausbildungsstätte frei zu wählen. Die Berufsausübung kann durch Gesetz geregelt werden.

(2) Niemand darf zu einer bestimmten Arbeit gezwungen werden, außer im Rahmen einer herkömmlichen allgemeinen, für alle gleichen öffentlichen Dienstleistungspflicht. Wer aus Gewissensgründen den Kriegsdienst mit der Waffe verweigert, kann zu einem Ersatzdienst verpflichtet werden. Die Dauer des Ersatzdienstes darf die Dauer des Wehrdienstes nicht übersteigen. Das Nähere regelt ein Gesetz, das die Freiheit der Gewissensentscheidung nicht beeinträchtigen darf und auch eine Möglichkeit des Ersatzdienstes vorsehen muß, die in keinem Zusammenhang mit den Verbänden der Streitkräfte steht.

(3) Frauen dürfen nicht zu einer Dienstleistung im Verband der Streitkräfte durch Gesetz verpflichtet werden. Zu einem Dienst mit der Waffe dürfen sie in keinem Falle verwendet werden.

(4) Zwangsarbeit ist nur bei einer gerichtlich angeordneten Freiheitsentziehung zulässig.

7 Artikel 12 erhält durch Gesetz vom 24. 6. 1968 (BGBl. I S. 709) folgende Fassung:

(1) Alle Deutschen haben das Recht, Beruf, Arbeitsplatz und Ausbildungsstätte frei zu wählen. Die Berufsausübung kann durch Gesetz oder auf Grund eines Gesetzes geregelt werden.

(2) Niemand darf zu einer bestimmten Arbeit gezwungen werden, außer im Rahmen einer herkömmlichen allgemeinen, für alle gleichen öffentlichen Dienstleistungspflicht.

(3) Zwangsarbeit ist nur bei einer gerichtlich angeordneten Freiheitsentziehung zulässig.

17 Nach Artikel 12 wird durch Gesetz vom 24. 6. 1968 (BGBl. I S. 709) folgender neuer Artikel 12 a eingefügt:

Art. 12 a (Dienstverpflichtungen)
(1) Männer können vom vollendeten achtzehnten Lebensjahr an zum Dienst in den Streitkräften, im Bundesgrenzschutz oder in einem Zivilschutzverband verpflichtet werden.
(2) Wer aus Gewissensgründen den Kriegsdienst mit der Waffe verweigert, kann zu einem Ersatzdienst verpflichtet werden. Die Dauer des Ersatzdienstes darf die Dauer des Wehrdienstes nicht übersteigen. Das Nähere regelt ein Gesetz, das die Freiheit der Gewissensentscheidung nicht beeinträchtigen darf und auch eine Möglichkeit des Ersatzdienstes vorsehen muß, die in keinem Zusammenhang mit den Verbänden der Streitkräfte und des Bundesgrenzschutzes steht.
(3) Wehrpflichtige, die nicht zu einem Dienst nach Absatz 1 oder 2 herangezogen sind, können im Verteidigungsfalle durch Gesetz oder auf Grund eines Gesetzes zu zivilen Dienstleistungen für Zwecke der Verteidigung einschließlich des Schutzes der Zivilbevölkerung in Arbeitsverhältnisse verpflichtet werden; Verpflichtungen in öffentlich-rechtliche Dienstverhältnisse sind nur zur Wahrnehmung polizeilicher Aufgaben oder solcher hoheitlicher Aufgaben der öffentlichen Verwaltung, die nur in einem öffentlich-rechtlichen Dienstverhältnis erfüllt werden können, zulässig. Arbeitsverhältnisse nach Satz 1 können bei den Streitkräften, im Bereich ihrer Versorgung sowie bei der öffentlichen Verwaltung begründet werden; Verpflichtungen in Arbeitsverhältnisse im Bereiche der Versorgung der Zivilbevölkerung sind nur zulässig, um ihren lebensnotwendigen Bedarf zu decken oder ihren Schutz sicherzustellen.
(4) Kann im Verteidigungsfalle der Bedarf an zivilen Dienstleistungen im zivilen Sanitäts- und Heilwesen sowie in der ortsfesten militärischen Lazarettorganisation nicht auf freiwilliger Grundlage gedeckt werden, so können Frauen vom vollendeten achtzehnten bis zum vollendeten fünfundzwanzigsten Lebensjahr durch Gesetz oder auf Grund eines Gesetzes zu derartigen Dienstleistungen herangezogen werden. Sie dürfen auf keinen Fall Dienst mit der Waffe leisten.
(5) Für die Zeit vor dem Verteidigungsfalle können Verpflichtungen nach Absatz 3 nur nach Maßgabe des Artikels 80 a Abs. 1 begründet werden. Zur Vorbereitung auf Dienstleistungen nach Absatz 3, für die besondere Kenntnisse oder Fertigkeiten erforderlich sind, kann durch Gesetz oder auf Grund eines Gesetzes die

Teilnahme an Ausbildungsveranstaltungen zur Pflicht gemacht werden. Satz 1 findet insoweit keine Anwendung.
(6) Kann im Verteidigungsfalle der Bedarf an Arbeitskräften für die in Absatz 3 Satz 2 genannten Bereiche auf freiwilliger Grundlage nicht gedeckt werden, so kann zur Sicherung dieses Bedarfs die Freiheit der Deutschen, die Ausübung eines Berufs oder den Arbeitsplatz aufzugeben, durch Gesetz oder auf Grund eines Gesetzes eingeschränkt werden. Vor Eintritt des Verteidigungsfalles gilt Absatz 5 Satz 1 entsprechend.

Art. 13 (Unverletzlichkeit der Wohnung)
(1) Die Wohnung ist unverletzlich.
(2) Durchsuchungen dürfen nur durch den Richter, bei Gefahr im Verzuge auch durch die in den Gesetzen vorgesehenen anderen Organe angeordnet und nur in der dort vorgeschriebenen Form durchgeführt werden.
(3) Eingriffe und Beschränkungen dürfen im übrigen nur zur Abwehr einer gemeinen Gefahr oder einer Lebensgefahr für einzelne Personen, auf Grund eines Gesetzes auch zur Verhütung dringender Gefahren für die öffentliche Sicherheit und Ordnung, insbesondere zur Behebung der Raumnot, zur Bekämpfung von Seuchengefahr oder zum Schutze gefährdeter Jugendlicher vorgenommen werden.

Art. 14 (Eigentum, Erbrecht und Enteignung)
(1) Das Eigentum und das Erbrecht werden gewährleistet. Inhalt und Schranken werden durch die Gesetze bestimmt.
(2) Eigentum verpflichtet. Sein Gebrauch soll zugleich dem Wohle der Allgemeinheit dienen.
(3) Eine Enteignung ist nur zum Wohle der Allgemeinheit zulässig. Sie darf nur durch Gesetz oder auf Grund eines Gesetzes erfolgen, das Art und Ausmaß der Entschädigung regelt. Die Entschädigung ist unter gerechter Abwägung der Interessen der Allgemeinheit und der Beteiligten zu bestimmen. Wegen der Höhe der Entschädigung steht im Streitfalle der Rechtsweg vor den ordentlichen Gerichten offen.

Art. 15 (Sozialisierung)
Grund und Boden, Naturschätze und Produktionsmittel können zum Zwecke der Vergesellschaftung durch ein Gesetz, das Art und

Ausmaß der Entschädigung regelt, in Gemeineigentum oder in andere Formen der Gemeinwirtschaft überführt werden. Für die Entschädigung gilt Artikel 14 Abs. 3 Satz 3 und 4 entsprechend.

Art. 16 (Staatsangehörigkeit, Auslieferung, Asylrecht)
(1) Die deutsche Staatsangehörigkeit darf nicht entzogen werden. Der Verlust der Staatsangehörigkeit darf nur auf Grund eines Gesetzes und gegen den Willen des Betroffenen nur dann eintreten, wenn der Betroffene dadurch nicht staatenlos wird.
(2) Kein Deutscher darf an das Ausland ausgeliefert werden. Politisch Verfolgte genießen Asylrecht.

Art. 17 (Petitionsrecht)
Jedermann hat das Recht, sich einzeln oder in Gemeinschaft mit anderen schriftlich mit Bitten oder Beschwerden an die zuständigen Stellen und an die Volksvertretung zu wenden.

7 Nach Artikel 17 wird durch Gesetz vom 19. 3. 1956 (BGBl. I S. 111) folgender Artikel 17 a eingefügt:

Art. 17 a (Grundrechtseinschränkung bei Wehr- und Ersatzdienst)
(1) Gesetze über Wehrdienst und Ersatzdienst können bestimmen, das für die Angehörigen der Streitkräfte und des Ersatzdienstes während der Zeit des Wehr- oder Ersatzdienstes das Grundrecht, seine Meinung in Wort, Schrift und Bild frei zu äußern und zu verbreiten (Artikel 5 Abs. 1 Satz 1 erster Halbsatz), das Grundrecht der Versammlungsfreiheit (Artikel 8) und das Petitionsrecht (Artikel 17), soweit es das Recht gewährt, Bitten oder Beschwerden in Gemeinschaft mit anderen vorzubringen, eingeschränkt werden.
(2) Gesetze, die der Verteidigung einschließlich des Schutzes der Zivilbevölkerung dienen, können bestimmen, daß die Grundrechte der Freizügigkeit (Artikel 11) und der Unverletzlichkeit der Wohnung (Artikel 13) eingeschränkt werden.

Art. 18 (Grundrechtsverwirkung)
Wer die Freiheit der Meinungsäußerung, insbesondere die Pressefreiheit (Artikel 5 Abs. 1), die Lehrfreiheit (Artikel 5 Abs. 3), die Versammlungsfreiheit (Artikel 8), die Vereinigungsfreiheit (Artikel 9), das Brief-, Post- und Fernmeldegeheimnis (Artikel 10), das

Eigentum (Artikel 14) oder das Asylrecht (Artikel 16 Abs. 2) zum Kampfe gegen die freiheitliche demokratische Grundordnung mißbraucht, verwirkt diese Grundrechte. Die Verwirkung und ihr Ausmaß werden durch das Bundesverfassungsgericht ausgesprochen.

Art. 19 (Grundrechtsgarantie, Rechtsweggarantie)
(1) Soweit nach diesem Grundgesetz ein Grundrecht durch Gesetz oder auf Grund eines Gesetzes eingeschränkt werden kann, muß das Gesetz allgemein und nicht nur für den Einzelfall gelten. Außerdem muß das Gesetz das Grundrecht unter Angabe des Artikels nennen.
(2) In keinem Fall darf ein Grundrecht in seinem Wesensgehalt angetastet werden.
(3) Die Grundrechte gelten auch für inländische juristische Personen, soweit sie ihrem Wesen nach auf diese anwendbar sind.
(4) Wird jemand durch die öffentliche Gewalt in seinen Rechten verletzt, so steht ihm der Rechtsweg offen. Soweit eine andere Zuständigkeit nicht begründet ist, ist der ordentliche Rechtsweg gegeben.

17 Artikel 19 Abs. 4 wird durch Gesetz vom 24. 6. 1968 (BGBl. I S. 709) durch folgenden Satz ergänzt:
Artikel 10 Abs. 2 Satz 2 bleibt unberührt.

II. Der Bund und die Länder

Art. 20 (Verfassungsprinzipien und Widerstandsrecht)
(1) Die Bundesrepublik Deutschland ist ein demokratischer und sozialer Bundesstaat.
(2) Alle Staatsgewalt geht vom Volke aus. Sie wird vom Volke in Wahlen und Abstimmungen und durch besondere Organe der Gesetzgebung, der vollziehenden Gewalt und der Rechtsprechung ausgeübt.
(3) Die Gesetzgebung ist an die verfassungsmäßige Ordnung, die vollziehende Gewalt und die Rechtsprechung sind an Gesetz und Recht gebunden.

17 *Artikel 20 wird durch Gesetz vom 24. 6. 1968 (BGBl. I S. 709) folgender Absatz angefügt:*
(4) Gegen jeden, der es unternimmt, diese Ordnung zu beseitigen, haben alle Deutschen das Recht zum Widerstand, wenn andere Abhilfe nicht möglich ist.

Art. 21 (Politische Parteien)
(1) Die Parteien wirken bei der politischen Willensbildung des Volkes mit. Ihre Gründung ist frei. Ihre innere Ordnung muß demokratischen Grundsätzen entsprechen. Sie müssen über die Herkunft ihrer Mittel öffentlich Rechenschaft geben.
(2) Parteien, die nach ihren Zielen oder nach dem Verhalten ihrer Anhänger darauf ausgehen, die freiheitliche demokratische Grundordnung zu beeinträchtigen oder zu beseitigen oder den Bestand der Bundesrepublik Deutschland zu gefährden, sind verfassungswidrig. Über die Frage der Verfassungswidrigkeit entscheidet das Bundesverfassungsgericht.
(3) Das Nähere regeln Bundesgesetze.

Art. 22 (Bundesflagge)
Die Bundesflagge ist schwarz-rot-gold.

Art. 23 (Bundesländer)
Dieses Grundgesetz gilt zunächst im Gebiet der Länder Baden, Bayern, Bremen, Groß-Berlin, Hamburg, Hessen, Niedersachsen, Nordrhein-Westfalen, Rheinland-Pfalz, Schleswig-Holstein, Württemberg-Baden und Württemberg-Hohenzollern. In anderen Teilen Deutschlands ist es nach deren Beitritt in Kraft zu setzen.

Art. 24 (Übertragung von Souveränitätsrechten)
(1) Der Bund kann durch Gesetz Hoheitsrechte auf zwischenstaatliche Einrichtungen übertragen.
(2) Der Bund kann sich zur Wahrung des Friedens einem System gegenseitiger kollektiver Sicherheit einordnen; er wird hierbei in die Beschränkungen seiner Hoheitsrechte einwilligen, die eine friediche und dauerhafte Ordnung in Europa und zwischen den Völkern der Welt herbeiführen und sichern.
(3) Zur Regelung zwischenstaatlicher Streitigkeiten wird der Bund Vereinbarungen über eine allgemeine, umfassende, obligatorische, internationale Schiedsgerichtsbarkeit beitreten.

Art. 25 (Völkerrecht und Bundesrecht)
Die allgemeinen Regeln des Völkerrechtes sind Bestandteil des Bundesrechtes. Sie gehen den Gesetzen vor und erzeugen Rechte und Pflichten unmittelbar für die Bewohner des Bundesgebietes.

Art. 26 (Friedenspflicht)
(1) Handlungen, die geeignet sind und in der Absicht vorgenommen werden, das friedliche Zusammenleben der Völker zu stören, insbesondere die Führung eines Angriffskrieges vorzubereiten, sind verfassungswidrig. Sie sind unter Strafe zu stellen.
(2) Zur Kriegführung bestimmte Waffen dürfen nur mit Genehmigung der Bundesregierung hergestellt, befördert und in Verkehr gebracht werden. Das Nähere regelt ein Bundesgesetz.

Art. 27 (Handelsflotte)
Alle deutschen Kauffahrteischiffe bilden eine einheitliche Handelsflotte.

Art. 28 (Landes- und Gemeindeverfassungen)
(1) Die verfassungsmäßige Ordnung in den Ländern muß den Grundsätzen des republikanischen, demokratischen und sozialen Rechtsstaates im Sinne dieses Grundgesetzes entsprechen. In den Ländern, Kreisen und Gemeinden muß das Volk eine Vertretung haben, die aus allgemeinen, unmittelbaren, freien, gleichen und geheimen Wahlen hervorgegangen ist. In Gemeinden kann an die Stelle einer gewählten Körperschaft die Gemeindeversammlung treten.
(2) Den Gemeinden muß das Recht gewährleistet sein, alle Angelegenheiten der örtlichen Gemeinschaft im Rahmen der Gesetze in eigener Verantwortung zu regeln. Auch die Gemeindeverbände haben im Rahmen ihres gesetzlichen Aufgabenbereiches nach Maßgabe der Gesetze das Recht der Selbstverwaltung.
(3) Der Bund gewährleistet, daß die verfassungsmäßige Ordnung der Länder den Grundrechten und den Bestimmungen der Absätze 1 und 2 entspricht.

Art. 29 (Neugliederung des Bundesgebietes)
(1) Das Bundesgebiet ist unter Berücksichtigung der landsmannschaftlichen Verbundenheit, der geschichtlichen und kulturellen Zusammenhänge, der wirtschaftlichen Zweckmäßigkeit und des sozialen Gefüges durch Bundesgesetz neu

zu gliedern. Die Neugliederung soll Länder schaffen, die nach Größe und Leistungsfähigkeit die ihnen obliegenden Aufgaben wirksam erfüllen können.
(2) In Gebietsteilen, die bei der Neubildung der Länder nach dem 8. Mai 1945 ohne Volksabstimmung ihre Landeszugehörigkeit geändert haben, kann binnen eines Jahres nach Inkrafttreten des Grundgesetzes durch Volksbegehren eine bestimmte Änderung der über die Landeszugehörigkeit getroffenen Entscheidung gefordert werden. Das Volksbegehren bedarf der Zustimmung eines Zehntels der zu den Landtagen wahlberechtigten Bevölkerung. Kommt das Volksbegehren zustande, so hat die Bundesregierung in den Gesetzentwurf über die Neugliederung eine Bestimmung über die Landeszugehörigkeit des Gebietsteiles aufzunehmen.
(3) Nach Annahme des Gesetzes ist in jedem Gebiete, dessen Landeszugehörigkeit geändert werden soll, der Teil des Gesetzes, der dieses Gebiet betrifft, zum Volksentscheid zu bringen. Ist ein Volksbegehren nach Absatz 2 zustande gekommen, so ist in dem betreffenden Gebiete in jedem Falle ein Volksentscheid durchzuführen.
(4) Soweit dabei das Gesetz mindestens in einem Gebietsteil abgelehnt wird, ist es erneut bei dem Bundestage einzubringen. Nach erneuter Verabschiedung bedarf es insoweit der Annahme durch Volksentscheid im gesamten Bundesgebiete.
(5) Bei einem Volksentscheide entscheidet die Mehrheit der abgegebenen Stimmen.
(6) Das Verfahren regelt ein Bundesgesetz. Die Neugliederung soll vor Ablauf von drei Jahren nach Verkündung des Grundgesetzes und, falls sie als Folge des Beitritts eines anderen Teiles von Deutschland notwendig wird, innerhalb von zwei Jahren nach dem Beitritt geregelt sein.
(7) Das Verfahren über jede sonstige Änderung des Gebietsbestandes der Länder regelt ein Bundesgesetz, das der Zustimmung des Bundesrates und der Mehrheit der Mitglieder des Bundestages bedarf.

25 Artikel 29 erhält durch Gesetz vom 19. 8. 1969 (BGBl. I S. 1241) folgende Fassung:

(1) Das Bundesgebiet ist unter Berücksichtigung der landsmannschaftlichen Verbundenheit, der geschichtlichen und kulturellen Zusammenhänge, der wirtschaftlichen Zweckmäßigkeit und des sozialen Gefüges durch Bundesgesetz neu zu gliedern. Die Neugliederung soll Länder schaffen, die nach Größe und Leistungsfähigkeit die ihnen obliegenden Aufgaben wirksam erfüllen können.
(2) In Gebietsteilen, die bei der Neubildung der Länder nach dem 8. Mai 1945 ohne Volksabstimmung ihre Landeszugehörigkeit geändert haben, kann binnen eines Jahres nach Inkrafttreten des Grundgesetzes durch Volksbegehren eine bestimmte Änderung der über die Landeszugehörigkeit getroffenen Entscheidung gefordert werden. Das Volksbegehren bedarf der Zustimmung eines Zehntels der zu den Landtagen wahlberechtigten Bevölkerung.
(3) Ist ein Volksbegehren nach Absatz 2 zustande gekommen, so ist in dem betreffenden Gebietsteil bis zum 31. März 1975, im Gebietsteil Baden des Landes Baden-Württemberg bis zum 30. Juni 1970 ein Volksentscheid über die Frage durchzuführen, ob die angestrebte Änderung vorgenommen werden oder die bisherige Landeszugehörigkeit bestehen bleiben soll. Stimmt eine Mehrheit, die mindestens ein Viertel der zum Landtag wahlberechtigten Bevölkerung umfaßt, der Änderung zu, so ist die Landeszugehörigkeit des betreffenden Gebietsteiles

durch Bundesgesetz innerhalb eines Jahres nach Durchführung des Volksentscheides zu regeln. Wird innerhalb desselben Landes in mehreren Gebietsteilen eine Änderung der Landeszugehörigkeit verlangt, so sind die erforderlichen Regelungen in einem Gesetz zusammenzufassen.
(4) Dem Bundesgesetz ist das Ergebnis des Volksentscheides zugrunde zu legen; es darf von ihm nur abweichen, soweit dies zur Erreichung der Ziele der Neugliederung nach Absatz 1 erforderlich ist. Das Gesetz bedarf der Zustimmung der Mehrheit der Mitglieder des Bundestages. Sieht das Gesetz die Änderung der Landeszugehörigkeit eines Gebietsteiles vor, die nicht durch Volksentscheid verlangt worden ist, so bedarf es der Annahme durch Volksentscheid in dem gesamten Gebiet, dessen Landeszugehörigkeit geändert werden soll; dies gilt nicht, soweit bei Ausgliederung von Gebietsteilen aus einem bestehenden Land die verbleibenden Gebietsteile als selbständiges Land fortbestehen sollen.
(5) Nach Annahme eines Bundesgesetzes über die Neugliederung des Bundesgebietes außerhalb des Verfahrens nach den Absätzen 2 bis 4 ist in jedem Gebiet, dessen Landeszugehörigkeit geändert werden soll, der Teil des Gesetzes, der dieses Gebiet betrifft, zum Volksentscheide zu bringen. Soweit dabei das Gesetz mindestens in einem Gebietsteil abgelehnt wird, ist es erneut bei dem Bundestage einzubringen. Nach erneuter Verabschiedung bedarf es insoweit der Annahme durch Volksentscheid im gesamten Bundesgebiet.
(6) Bei einem Volksentscheide entscheidet die Mehrheit der abgegebenen Stimmen; Absatz 3 bleibt unberührt. Das Verfahren regelt ein Bundesgesetz. Die Neugliederung soll, falls sie als Folge des Beitrittes eines anderen Teiles von Deutschland notwendig wird, innerhalb von zwei Jahren nach dem Beitritt geregelt sein.
(7) Das Verfahren über jede sonstige Änderung des Gebietsbestandes der Länder regelt ein Bundesgesetz, das der Zustimmung des Bundesrates und der Mehrheit der Mitglieder des Bundestages bedarf.

33 Artikel 29 erhält durch Gesetz vom 23. 8. 1976 (BGBl. I S. 2381) folgende Fassung:
(1) Das Bundesgebiet kann neu gegliedert werden, um zu gewährleisten, daß die Länder nach Größe und Leistungsfähigkeit die ihnen obliegenden Aufgaben wirksam erfüllen können.
Dabei sind die landsmannschaftliche Verbundenheit, die geschichtlichen und kulturellen Zusammenhänge, die wirtschaftliche Zweckmäßigkeit sowie die Erfordernisse der Raumordnung und der Landesplanung zu berücksichtigen.
(2) Maßnahmen zur Neugliederung des Bundesgebietes ergehen durch Bundesgesetz, das der Bestätigung durch Volksentscheid bedarf. Die betroffenen Länder sind zu hören.
(3) Der Volksentscheid findet in den Ländern statt, aus deren Gebieten oder Gebietsteilen ein neues oder neu umgrenztes Land gebildet werden soll (betroffene Länder). Abzustimmen ist über die Frage, ob die betroffenen Länder wie bisher bestehenbleiben

sollen oder ob das neue oder neu umgrenzte Land gebildet werden soll. Der Volksentscheid für die Bildung eines neuen oder neu umgrenzten Landes kommt zustande, wenn in dessen künftigem Gebiet und insgesamt in den Gebieten oder Gebietsteilen eines betroffenen Landes, deren Landeszugehörigkeit im gleichen Sinne geändert werden soll, jeweils eine Mehrheit der Änderung zustimmt. Er kommt nicht zustande, wenn im Gebiet eines der betroffenen Länder eine Mehrheit die Änderung ablehnt; die Ablehnung ist jedoch unbeachtlich, wenn in einem Gebietsteil, dessen Zugehörigkeit zu dem betroffenen Land geändert werden soll, eine Mehrheit von zwei Dritteln der Änderung zustimmt, es sei denn, daß im Gesamtgebiet des betroffenen Landes eine Mehrheit von zwei Dritteln die Änderung ablehnt.

(4) Wird in einem zusammenhängenden, abgegrenzten Siedlungs- und Wirtschaftsraum, dessen Teile in mehreren Ländern liegen und der mindestens eine Million Einwohner hat, von einem Zehntel der in ihm zum Bundestag Wahlberechtigten durch Volksbegehren gefordert, daß für diesen Raum eine einheitliche Landeszugehörigkeit herbeigeführt werde, so ist durch Bundesgesetz innerhalb von zwei Jahren entweder zu bestimmen, ob die Landeszugehörigkeit gemäß Absatz 2 geändert wird, oder daß in den betroffenen Ländern eine Volksbefragung stattfindet.

(5) Die Volksbefragung ist darauf gerichtet festzustellen, ob eine in dem Gesetz vorzuschlagende Änderung der Landeszugehörigkeit Zustimmung findet. Das Gesetz kann verschiedene, jedoch nicht mehr als zwei Vorschläge der Volksbefragung vorlegen. Stimmt eine Mehrheit einer vorgeschlagenen Änderung der Landeszugehörigkeit zu, so ist durch Bundesgesetz innerhalb von zwei Jahren zu bestimmen, ob die Landeszugehörigkeit gemäß Absatz 2 geändert wird. Findet ein der Volksbefragung vorgelegter Vorschlag eine den Maßgaben des Absatzes 3 Satz 3 und 4 entsprechende Zustimmung, so ist innerhalb von zwei Jahren nach der Durchführung der Volksbefragung ein Bundesgesetz zur Bildung des vorgeschlagenen Landes zu erlassen, das der Bestätigung durch Volksentscheid nicht mehr bedarf.

(6) Mehrheit im Volksentscheid und in der Volksbefragung ist die Mehrheit der abgegebenen Stimmen, wenn sie mindestens ein Viertel der zum Bundestag Wahlberechtigten umfaßt. Im übrigen wird das Nähere über Volksentscheid, Volksbegehren und Volksbefragung durch ein Bundesgesetz geregelt; dieses kann auch

vorsehen, daß Volksbegehren innerhalb eines Zeitraumes von fünf Jahren nicht wiederholt werden können.
(7) Sonstige Änderungen des Gebietsbestandes der Länder können durch Staatsverträge der beteiligten Länder oder durch Bundesgesetz mit Zustimmung des Bundesrates erfolgen, wenn das Gebiet, dessen Landeszugehörigkeit geändert werden soll, nicht mehr als 10 000 Einwohner hat. Das Nähere regelt ein Bundesgesetz, das der Zustimmung des Bundesrates und der Mehrheit der Mitglieder des Bundestages bedarf. Es muß die Anhörung der betroffenen Gemeinden und Kreise vorsehen.

Art. 30 (Grundsätzliche Länderzuständigkeit)
Die Ausübung der staatlichen Befugnisse und die Erfüllung der staatlichen Aufgaben ist Sache der Länder, soweit dieses Grundgesetz keine andere Regelung trifft oder zuläßt.

Art. 31 (Bundesrecht und Landesrecht)
Bundesrecht bricht Landesrecht.

Art. 32 (Auswärtige Beziehungen)
(1) Die Pflege der Beziehungen zu auswärtigen Staaten ist Sache des Bundes.
(2) Vor dem Abschlusse eines Vertrages, der die besonderen Verhältnisse eines Landes berührt, ist das Land rechtzeitig zu hören.
(3) Soweit die Länder für die Gesetzgebung zuständig sind, können sie mit Zustimmung der Bundesregierung mit auswärtigen Staaten Verträge abschließen.

Art. 33 (Bürgerrechte, öffentliche Ämter)
(1) Jeder Deutsche hat in jedem Lande die gleichen staatsbürgerlichen Rechte und Pflichten.
(2) Jeder Deutsche hat nach seiner Eignung, Befähigung und fachlichen Leistung gleichen Zugang zu jedem öffentlichen Amte.
(3) Der Genuß bürgerlicher und staatsbürgerlicher Rechte, die Zulassung zu öffentlichen Ämtern sowie die im öffentlichen Dienste erworbenen Rechte sind unabhängig von dem religiösen Bekenntnis. Niemandem darf aus seiner Zugehörigkeit oder Nichtzugehörigkeit zu einem Bekenntnisse oder einer Weltanschauung ein Nachteil erwachsen.

(4) Die Ausübung hoheitsrechtlicher Befugnisse ist als ständige Aufgabe in der Regel Angehörigen des öffentlichen Dienstes zu übertragen, die in einem öffentlich-rechtlichen Dienst- und Treueverhältnis stehen.
(5) Das Recht des öffentlichen Dienstes ist unter Berücksichtigung der hergebrachten Grundsätze des Berufsbeamtentums zu regeln.

Art. 34 (Amtshaftung)
Verletzt jemand in Ausübung eines ihm anvertrauten öffentlichen Amtes die ihm einem Dritten gegenüber obliegende Amtspflicht, so trifft die Verantwortlichkeit grundsätzlich den Staat oder die Körperschaft, in deren Dienst er steht. Bei Vorsatz oder grober Fahrlässigkeit bleibt der Rückgriff vorbehalten. Für den Anspruch auf Schadensersatz und für den Rückgriff darf der ordentliche Rechtsweg nicht ausgeschlossen werden.

Art. 35 (Rechts- und Amtshilfe, Naturkatastrophe)
Alle Behörden des Bundes und der Länder leisten sich gegenseitig Rechts- und Amtshilfe.

17 Der bisherige Wortlaut des Art. 35 wird durch Gesetz vom 24. 6. 1968 (BGBl. I S. 709) Absatz 1; folgende Absätze 2 und 3 werden angefügt:
(2) Zur Hilfe bei einer Naturkatastrophe oder bei einem besonders schweren Unglücksfall kann ein Land Polizeikräfte anderer Länder, Kräfte und Einrichtungen anderer Verwaltungen sowie des Bundesgrenzschutzes und der Streitkräfte anfordern.

(3) Gefährdet die Naturkatastrophe oder der Unglücksfall das Gebiet mehr als eines Landes, so kann die Bundesregierung, soweit es zur wirksamen Bekämpfung erforderlich ist, den Landesregierungen die Weisung erteilen, Polizeikräfte anderen Ländern zur Verfügung zu stellen, sowie Einheiten des Bundesgrenzschutzes und der Streitkräfte zur Unterstützung der Polizeikräfte einsetzen. Maßnahmen der Bundesregierung nach Satz 1 sind jederzeit auf Verlangen des Bundesrates, im übrigen unverzüglich nach Beseitigung der Gefahr aufzuheben.

31 Artikel 35 Abs. 2 erhält durch Gesetz vom 28. 7. 1972 (BGBl. I S. 1305) folgende Fassung:
(2) Zur Aufrechterhaltung oder Wiederherstellung der öffentlichen Sicherheit oder Ordnung kann ein Land in Fällen von

besonderer Bedeutung Kräfte und Einrichtungen des Bundesgrenzschutzes zur Unterstützung seiner Polizei anfordern, wenn die Polizei ohne diese Unterstützung eine Aufgabe nicht oder nur unter erheblichen Schwierigkeiten erfüllen könnte. Zur Hilfe bei einer Naturkatastrophe oder bei einem besonders schweren Unglücksfall kann ein Land Polizeikräfte anderer Länder, Kräfte und Einrichtungen anderer Verwaltungen sowie des Bundesgrenzschutzes und der Streitkräfte anfordern.

Art. 36 (Heimatprinzip bei Bundesbediensteten)
Bei den obersten Bundesbehörden sind Beamte aus allen Ländern in angemessenem Verhältnis zu verwenden. Die bei den übrigen Bundesbehörden beschäftigten Personen sollen in der Regel aus dem Lande genommen werden, in dem sie tätig sind.

7 Artikel 36 wird durch Gesetz vom 19. 3. 1956 (BGBl. I S. 111) Absatz 1; folgender Absatz 2 wird angefügt:
(2) Die Wehrgesetze haben auch die Gliederung des Bundes in Länder und ihre besonderen landsmannschaftlichen Verhältnisse zu berücksichtigen.

Art. 37 (Bundeszwang)
(1) Wenn ein Land die ihm nach dem Grundgesetze oder einem anderen Bundesgesetze obliegenden Bundespflichten nicht erfüllt, kann die Bundesregierung mit Zustimmung des Bundesrates die notwendigen Maßnahmen treffen, um das Land im Wege des Bundeszwanges zur Erfüllung seiner Pflichten anzuhalten.
(2) Zur Durchführung des Bundeszwanges hat die Bundesregierung oder ihr Beauftragter das Weisungsrecht gegenüber allen Ländern und ihren Behörden.

III. Der Bundestag

Art. 38 (Wahlrechtsprinzipien, freies Mandat)
(1) Die Abgeordneten des Deutschen Bundestages werden in allgemeiner, unmittelbarer, freier, gleicher und geheimer Wahl gewählt. Sie sind Vertreter des ganzen Volkes, an Aufträge und Weisungen nicht gebunden und nur ihrem Gewissen unterworfen.

(2) Wahlberechtigt ist, wer das einundzwanzigste, wählbar, wer das fünfundzwanzigste Lebensjahr vollendet hat.
(3) Das Nähere bestimmt ein Bundesgesetz.

27 Artikel 38 Abs. 2 erhält durch Gesetz vom 31. 7. 1970 (BGBl. I S. 1161) folgende Fassung:
(2) Wahlberechtigt ist, wer das achtzehnte Lebensjahr vollendet hat; wählbar ist, wer das Alter erreicht hat, mit dem die Volljährigkeit eintritt.

Art. 39 (Wahlperiode)

(1) Der Bundestag wird auf vier Jahre gewählt. Seine Wahlperiode endet vier Jahre nach dem ersten Zusammentritt oder mit seiner Auflösung. Die Neuwahl findet im letzten Vierteljahr der Wahlperiode statt, im Falle der Auflösung spätestens nach sechzig Tagen.
(2) Der Bundestag tritt spätestens am dreißigsten Tage nach der Wahl, jedoch nicht vor dem Ende der Wahlperiode des letzten Bundestages zusammen.
(3) Der Bundestag bestimmt den Schluß und den Wiederbeginn seiner Sitzungen. Der Präsident des Bundestages kann ihn früher einberufen. Er ist hierzu verpflichtet, wenn ein Drittel der Mitglieder, der Bundespräsident oder der Bundeskanzler es verlangen.

33 Artikel 39 Abs. 1 und 2 erhält durch Gesetz vom 23. 8. 1976 (BGBl. I S. 2381) folgende Fassung:
(1) Der Bundestag wird auf vier Jahre gewählt. Seine Wahlperiode endet mit dem Zusammentritt eines neuen Bundestages. Die Neuwahl findet frühestens fünfundvierzig, spätestens siebenundvierzig Monate vor Beginn der Wahlperiode statt. Im Falle einer Auflösung des Bundestages findet die Neuwahl innerhalb von sechzig Tagen statt.
(2) Der Bundestag tritt spätestens am dreißigsten Tage nach der Wahl zusammen.

Art. 40 (Bundestagspräsident, Geschäftsordnung)
(1) Der Bundestag wählt seinen Präsidenten, dessen Stellvertreter und die Schriftführer. Er gibt sich eine Geschäftsordnung.
(2) Der Präsident übt das Hausrecht und die Polizeigewalt im Gebäude des Bundestages aus. Ohne seine Genehmigung darf in den Räumen des Bundestages keine Durchsuchung oder Beschlagnahme stattfinden.

Art. 41 (Wahlprüfung)
(1) Die Wahlprüfung ist Sache des Bundestages. Er entscheidet auch, ob ein Abgeordneter des Bundestages die Mitgliedschaft verloren hat.
(2) Gegen die Entscheidung des Bundestages ist die Beschwerde an das Bundesverfassungsgericht zulässig.
(3) Das Nähere regelt ein Bundesgesetz.

Art. 42 (Öffentliche Verhandlungen, Mehrheitsprinzip)
(1) Der Bundestag verhandelt öffentlich. Auf Antrag eines Zehntels seiner Mitglieder oder auf Antrag der Bundesregierung kann mit Zweidrittelmehrheit die Öffentlichkeit ausgeschlossen werden. Über den Antrag wird in nichtöffentlicher Sitzung entschieden.
(2) Zu einem Beschlusse des Bundestages ist die Mehrheit der abgegebenen Stimmen erforderlich, soweit dieses Grundgesetz nichts anderes bestimmt. Für die vom Bundestage vorzunehmenden Wahlen kann die Geschäftsordnung Ausnahmen zulassen.
(3) Wahrheitsgetreue Berichte über die öffentlichen Sitzungen des Bundestages und seiner Ausschüsse bleiben von jeder Verantwortlichkeit frei.

Art. 43 (Anwesenheit von Regierungsmitgliedern)
(1) Der Bundestag und seine Ausschüsse können die Anwesenheit jedes Mitgliedes der Bundesregierung verlangen.
(2) Die Mitglieder des Bundesrates und der Bundesregierung sowie ihre Beauftragten haben zu allen Sitzungen des Bundestages und seiner Ausschüsse Zutritt. Sie müssen jederzeit gehört werden.

Art. 44 (Untersuchungsausschüsse)
(1) Der Bundestag hat das Recht und auf Antrag eines Viertels seiner Mitglieder die Pflicht, einen Untersuchungsausschuß einzusetzen, der in öffentlicher Verhandlung die erforderlichen Beweise erhebt. Die Öffentlichkeit kann ausgeschlossen werden.
(2) Auf Beweiserhebungen finden die Vorschriften über den Strafprozeß sinngemäß Anwendung. Das Brief-, Post- und Fernmeldegeheimnis bleibt unberührt.
(3) Gerichte und Verwaltungsbehörden sind zur Rechts- und Amtshilfe verpflichtet.
(4) Die Beschlüsse der Untersuchungsausschüsse sind der richterli-

chen Erörterung entzogen. In der Würdigung und Beurteilung des der Untersuchung zugrunde liegenden Sachverhaltes sind die Gerichte frei.

Art. 45 (Ständiger Ausschuß)
(1) Der Bundestag bestellt einen ständigen Ausschuß, der die Rechte des Bundestages gegenüber der Bundesregierung zwischen zwei Wahlperioden zu wahren hat. Der ständige Ausschuß hat auch die Rechte eines Untersuchungsausschusses.
(2) Weitergehende Befugnisse, insbesondere das Recht der Gesetzgebung, der Wahl des Bundeskanzlers und der Anklage des Bundespräsidenten stehen dem ständigen Ausschuß nicht zu.

33   Artikel 45 wird durch Gesetz vom 23. 8. 1976 (BGBl. I S. 2381) gestrichen.

7   Nach Artikel 45 werden durch Gesetz vom 19. 3. 1956 (BGBl. I S. 111) folgende Artikel 45 a und 45 b eingefügt:

Art. 45 a (Ausschüsse für auswärtige Angelegenheiten und Verteidigung)
(1) Der Bundestag bestellt einen Ausschuß für auswärtige Angelegenheiten und einen Ausschuß für Verteidigung.
Die beiden Ausschüsse werden auch zwischen zwei Wahlperioden tätig.
(2) Der Ausschuß für Verteidigung hat auch die Rechte eines Untersuchungsausschusses. Auf Antrag eines Viertels seiner Mitglieder hat er die Pflicht, eine Angelegenheit zum Gegenstand seiner Untersuchungen zu machen.
(3) Artikel 44 Abs. 1 findet auf dem Gebiet der Verteidigung keine Anwendung.

33   Artikel 45 a Abs. 1 Satz 2 wird durch Gesetz vom 23. 8. 1976 (BGBl. I S. 2381) gestrichen.

7 Art. 45 b (Wehrbeauftragter)
Zum Schutz der Grundrechte und als Hilfsorgan des Bundestages bei der Ausübung der parlamentarischen Kontrolle wird ein Wehrbeauftragter des Bundestages berufen. Das Nähere regelt ein Bundesgesetz.

32   Nach Artikel 45 b wird durch Gesetz vom 15. 7. 1975 (BGBl. I S. 1901) folgender Artikel 45 c eingefügt:

Art. 45 c (Petitionsausschuß)
(1) Der Bundestag bestellt einen Petitionsausschuß, dem die Behandlung der nach Artikel 17 an den Bundestag gerichteten Bitten und Beschwerden obliegt.
(2) Die Befugnisse des Ausschusses zur Überprüfung von Beschwerden regelt ein Bundesgesetz.

Art. 46 (Indemnität und Immunität)
(1) Ein Abgeordneter darf zu keiner Zeit wegen seiner Abstimmung oder wegen einer Äußerung, die er im Bundestage oder in einem seiner Ausschüsse getan hat, gerichtlich oder dienstlich verfolgt oder sonst außerhalb des Bundestages zur Verantwortung gezogen werden. Dies gilt nicht für verleumderische Beleidigungen.
(2) Wegen einer mit Strafe bedrohten Handlung darf ein Abgeordneter nur mit Genehmigung des Bundestages zur Verantwortung gezogen oder verhaftet werden, es sei denn, daß er bei Begehung der Tat oder im Laufe des folgenden Tages festgenommen wird.
(3) Die Genehmigung des Bundestages ist ferner bei jeder anderen Beschränkung der persönlichen Freiheit eines Abgeordneten oder zur Einleitung eines Verfahrens gegen einen Abgeordneten gemäß Artikel 18 erforderlich.
(4) Jedes Strafverfahren und jedes Verfahren gemäß Artikel 18 gegen einen Abgeordneten, jede Haft und jede sonstige Beschränkung seiner persönlichen Freiheit sind auf Verlangen des Bundestages auszusetzen.

Art. 47 (Zeugnisverweigerungsrecht)
Die Abgeordneten sind berechtigt, über Personen, die ihnen in ihrer Eigenschaft als Abgeordnete oder denen sie in dieser Eigenschaft Tatsachen anvertraut haben, sowie über diese Tatsachen selbst das Zeugnis zu verweigern. Soweit dieses Zeugnisverweigerungsrecht reicht, ist die Beschlagnahme von Schriftstücken unzulässig.

Art. 48 (Mandatsausübung, Entschädigungsanspruch)
(1) Wer sich um einen Sitz im Bundestag bewirbt, hat Anspruch auf den zur Vorbereitung seiner Wahl erforderlichen Urlaub.
(2) Niemand darf gehindert werden, das Amt eines Abgeordneten

zu übernehmen und auszuüben. Eine Kündigung oder Entlassung aus diesem Grunde ist unzulässig.
(3) Die Abgeordneten haben Anspruch auf eine angemessene, ihre Unabhängigkeit sichernde Entschädigung. Sie haben das Recht der freien Benutzung aller staatlichen Verkehrsmittel. Das Nähere regelt ein Bundesgesetz.

Art. 49 (Parlamentsorgane zwischen den Wahlperioden)
Für die Mitglieder des Präsidiums und des ständigen Ausschusses sowie für deren erste Stellvertreter gelten die Art. 46, 47 und die Abs. 2 und 3 des Art. 48 auch für die Zeit zwischen zwei Wahlperioden.

7 Artikel 49 erhält durch Gesetz vom 19. 3. 1956 (BGBl. I S. 111) folgende Fassung:
Für die Mitglieder des Präsidiums, des ständigen Ausschusses, des Ausschusses für auswärtige Angelegenheiten und des Ausschusses für Verteidigung sowie für deren erste Stellvertreter gelten die Artikel 46, 47 und die Absätze 2 und 3 des Artikels 48 auch für die Zeit zwischen zwei Wahlperioden.

33 Artikel 49 wird durch Gesetz vom 23. 8. 1976 (BGBl. I S. 2381) gestrichen.

IV. Der Bundesrat

Art. 50 (Funktionen)
Durch den Bundesrat wirken die Länder bei der Gesetzgebung und Verwaltung des Bundes mit.

Art. 51 (Zusammensetzung)
(1) Der Bundesrat besteht aus Mitgliedern der Regierungen der Länder, die sie bestellen und abberufen. Sie können durch andere Mitglieder ihrer Regierungen vertreten werden.
(2) Jedes Land hat mindestens drei Stimmen, Länder mit mehr als zwei Millionen Einwohnern haben vier, Länder mit mehr als sechs Millionen Einwohnern fünf Stimmen.
(3) Jedes Land kann so viele Mitglieder entsenden, wie es Stimmen hat. Die Stimmen eines Landes können nur einheitlich und nur durch anwesende Mitglieder oder deren Vertreter abgegeben werden.

Art. 52 (Bundesratsorgane, Beschlüsse)
(1) Der Bundesrat wählt seinen Präsidenten auf ein Jahr.
(2) Der Präsident beruft den Bundesrat ein. Er hat ihn einzuberufen, wenn die Vertreter von mindestens zwei Ländern oder die Bundesregierung es verlangen.
(3) Der Bundesrat faßt seine Beschlüsse mit mindestens der Mehrheit seiner Stimmen. Er gibt sich eine Geschäftsordnung. Er verhandelt öffentlich. Die Öffentlichkeit kann ausgeschlossen werden.
(4) Den Ausschüssen des Bundesrates können andere Mitglieder oder Beauftragte der Regierungen der Länder angehören.

Art. 53 (Teilnahmerecht von Regierungsmitgliedern)
Die Mitglieder der Bundesregierung haben das Recht und auf Verlangen die Pflicht, an den Verhandlungen des Bundesrates und seiner Ausschüsse teilzunehmen. Sie müssen jederzeit gehört werden. Der Bundesrat ist von der Bundesregierung über die Führung der Geschäfte auf dem laufenden zu halten.

17   Nach Artikel 53 wird durch Gesetz vom 24. 6. 1968 (BGBl. I S. 709) folgender neuer Abschnitt IV a eingefügt:

IV a. Gemeinsamer Ausschuß

Art. 53 a (Zusammensetzung, Funktionen)
(1) Der Gemeinsame Ausschuß besteht zu zwei Dritteln aus Abgeordneten des Bundestages, zu einem Drittel aus Mitgliedern des Bundesrates. Die Abgeordneten werden vom Bundestage entsprechend dem Stärkeverhältnis der Fraktionen bestimmt; sie dürfen nicht der Bundesregierung angehören. Jedes Land wird durch ein von ihm bestelltes Mitglied des Bundesrates vertreten; diese Mitglieder sind nicht an Weisungen gebunden. Die Bildung des Gemeinsamen Ausschusses und sein Verfahren werden durch eine Geschäftsordnung geregelt, die vom Bundestage zu beschließen ist und der Zustimmung des Bundesrates bedarf.
(2) Die Bundesregierung hat den Gemeinsamen Ausschuß über ihre Planungen für den Verteidigungsfall zu unterrichten. Die Rechte des Bundestages und seiner Ausschüsse nach Artikel 43 Abs. 1 bleiben unberührt.

V. Der Bundespräsident

Art. 54 (Wahl, Bundesversammlung)

(1) Der Bundespräsident wird ohne Aussprache von der Bundesversammlung gewählt. Wählbar ist jeder Deutsche, der das Wahlrecht zum Bundestage besitzt und das vierzigste Lebensjahr vollendet hat.

(2) Das Amt des Bundespräsidenten dauert fünf Jahre. Anschließende Wiederwahl ist nur einmal zulässig.

(3) Die Bundesversammlung besteht aus den Mitgliedern des Bundestages und einer gleichen Anzahl von Mitgliedern, die von den Volksvertretungen der Länder nach den Grundsätzen der Verhältniswahl gewählt werden.

(4) Die Bundesversammlung tritt spätestens dreißig Tage vor Ablauf der Amtszeit des Bundespräsidenten, bei vorzeitiger Beendigung spätestens dreißig Tage nach diesem Zeitpunkt zusammen. Sie wird von dem Präsidenten des Bundestages einberufen.

(5) Nach Ablauf der Wahlperiode beginnt die Frist des Absatzes 4 Satz 1 mit dem ersten Zusammentritt des Bundestages.

(6) Gewählt ist, wer die Stimmen der Mehrheit der Mitglieder der Bundesversammlung erhält. Wird diese Mehrheit in zwei Wahlgängen von keinem Bewerber erreicht, so ist gewählt, wer in einem weiteren Wahlgang die meisten Stimmen auf sich vereinigt.

(7) Das Nähere regelt ein Bundesgesetz.

Art. 55 (Kein Nebenberuf)

(1) Der Bundespräsident darf weder der Regierung noch einer gesetzgebenden Körperschaft des Bundes oder eines Landes angehören.

(2) Der Bundespräsident darf kein anderes besoldetes Amt, kein Gewerbe und keinen Beruf ausüben und weder der Leitung noch dem Aufsichtsrate eines auf Erwerb gerichteten Unternehmens angehören.

Art. 56 (Amtseid)

Der Bundespräsident leistet bei seinem Amtsantritt vor den versammelten Mitgliedern des Bundestages und des Bundesrates folgenden Eid:

»Ich schwöre, daß ich meine Kraft dem Wohle des deutschen Volkes widmen, seinen Nutzen mehren, Schaden von ihm wenden,

das Grundgesetz und die Gesetze des Bundes wahren und verteidigen, meine Pflichten gewissenhaft erfüllen und Gerechtigkeit gegen jedermann üben werde. So wahr mir Gott helfe.«
Der Eid kann auch ohne religiöse Beteuerung geleistet werden.

Art. 57 (Stellvertretung)
Die Befugnisse des Bundespräsidenten werden im Falle seiner Verhinderung oder bei vorzeitiger Erledigung des Amtes durch den Präsidenten des Bundesrates wahrgenommen.

Art. 58 (Gegenzeichnung)
Anordnungen und Verfügungen des Bundespräsidenten bedürfen zu ihrer Gültigkeit der Gegenzeichnung durch den Bundeskanzler oder durch den zuständigen Bundesminister. Dies gilt nicht für die Ernennung und Entlassung des Bundeskanzlers, die Auflösung des Bundestages gemäß Artikel 63 und das Ersuchen gemäß Artikel 69 Abs. 3.

Art. 59 (Völkerrechtliche Vertretung)
(1) Der Bundespräsident vertritt den Bund völkerrechtlich. Er schließt im Namen des Bundes die Verträge mit auswärtigen Staaten. Er beglaubigt und empfängt die Gesandten.
(2) Verträge, welche die politischen Beziehungen des Bundes regeln oder sich auf Gegenstände der Bundesgesetzgebung beziehen, bedürfen der Zustimmung oder der Mitwirkung der jeweils für die Bundesgesetzgebung zuständigen Körperschaften in der Form eines Bundesgesetzes. Für Verwaltungsabkommen gelten die Vorschriften über die Bundesverwaltung entsprechend.

7 Nach Artikel 59 wird durch Gesetz vom 19. 3. 1956 (BGBl. I S. 111) folgender Artikel 59 a eingefügt:

Art. 59 a (Feststellung des Verteidigungsfalls)
(1) Die Feststellung, daß der Verteidigungsfall eingetreten ist, trifft der Bundestag. Sein Beschluß wird vom Bundespräsidenten verkündet.
(2) Stehen dem Zusammentritt des Bundestages unüberwindliche Hindernisse entgegen, so kann bei Gefahr im Verzug der Bundespräsident mit Gegenzeichnung des Bundeskanzlers diese Feststellung treffen und verkünden. Der Bundespräsident soll zuvor die Präsidenten des Bundestages und des Bundesrates hören.
(3) Der Bundespräsident darf völkerrechtliche Erklärungen über das Bestehen des Verteidigungsfalles erst nach Verkündung abgeben.
(4) Über den Friedensschluß wird durch Bundesgesetz entschieden.

*17   Artikel 59 a wird durch Gesetz vom 24. 6. 1968 (BGBl. I
S. 709) aufgehoben.*

Art. 60 (Ernennung von Bundesbeamten)
(1) Der Bundespräsident ernennt und entläßt die Bundesrichter und die Bundesbeamten, soweit gesetzlich nichts anderes bestimmt ist.

(2) Er übt im Einzelfalle für den Bund das Begnadigungsrecht aus.

(3) Er kann diese Befugnisse auf andere Behörden übertragen.

(4) Die Abs. 2 bis 4 des Art. 46 finden auf den Bundespräsidenten entsprechende Anwendung.

*7   Artikel 60 Abs. 1 erhält durch Gesetz vom 19. 3. 1956 (BGBl. I
S. 111) folgende Fassung:*
(1) Der Bundespräsident ernennt und entläßt die Bundesrichter, die Bundesbeamten, die Offiziere und Unteroffiziere, soweit gesetzlich nichts anderes bestimmt ist.

Art. 61 (Präsidentenanklage)
(1) Der Bundestag oder der Bundesrat können den Bundespräsidenten wegen vorsätzlicher Verletzung des Grundgesetzes oder eines anderen Bundesgesetzes vor dem Bundesverfassungsgericht anklagen. Der Antrag auf Erhebung der Anklage muß von mindestens einem Viertel der Mitglieder des Bundestages oder einem Viertel der Stimmen des Bundesrates gestellt werden. Der Beschluß auf Erhebung der Anklage bedarf der Mehrheit von zwei Dritteln der Mitglieder des Bundestages oder von zwei Dritteln der Stimmen des Bundesrates. Die Anklage wird von einem Beauftragten der anklagenden Körperschaft vertreten.

(2) Stellt das Bundesverfassungsgericht fest, daß der Bundespräsident einer vorsätzlichen Verletzung des Grundgesetzes oder eines anderen Bundesgesetzes schuldig ist, so kann es ihn des Amtes für verlustig erklären. Durch einstweilige Anordnung kann es nach der Erhebung der Anklage bestimmen, daß er an der Ausübung seines Amtes verhindert ist.

VI. Die Bundesregierung

Art. 62 (Zusammensetzung)
Die Bundesregierung besteht aus dem Bundeskanzler und aus den Bundesministern.

Art. 63 (Kanzlerwahl)
(1) Der Bundeskanzler wird auf Vorschlag des Bundespräsidenten vom Bundestage ohne Aussprache gewählt.
(2) Gewählt ist, wer die Stimmen der Mehrheit der Mitglieder des Bundestages auf sich vereinigt. Der Gewählte ist vom Bundespräsidenten zu ernennen.
(3) Wird der Vorgeschlagene nicht gewählt, so kann der Bundestag binnen vierzehn Tagen nach dem Wahlgange mit mehr als der Hälfte seiner Mitglieder einen Bundeskanzler wählen.
(4) Kommt eine Wahl innerhalb dieser Frist nicht zustande, so findet unverzüglich ein neuer Wahlgang statt, in dem gewählt ist, wer die meisten Stimmen erhält. Vereinigt der Gewählte die Stimmen der Mehrheit der Mitglieder des Bundestages auf sich, so muß der Bundespräsident ihn binnen sieben Tagen nach der Wahl ernennen. Erreicht der Gewählte diese Mehrheit nicht, so hat der Bundespräsident binnen sieben Tagen entweder ihn zu ernennen oder den Bundestag aufzulösen.

Art. 64 (Ernennung der Bundesminister)
(1) Die Bundesminister werden auf Vorschlag des Bundeskanzlers vom Bundespräsidenten ernannt und entlassen.
(2) Der Bundeskanzler und die Bundesminister leisten bei der Amtsübernahme vor dem Bundestage den in Artikel 56 vorgesehenen Eid.

Art. 65 (Richtlinienkompetenz)
Der Bundeskanzler bestimmt die Richtlinien der Politik und trägt dafür die Verantwortung. Innerhalb dieser Richtlinien leitet jeder Bundesminister seinen Geschäftsbereich selbständig und unter eigener Verantwortung. Über Meinungsverschiedenheiten zwischen den Bundesministern entscheidet die Bundesregierung. Der Bundeskanzler leitet ihre Geschäfte nach einer von der Bundesregierung beschlossenen und vom Bundespräsidenten genehmigten Geschäftsordnung.

7   Nach Artikel 65 wird durch Gesetz vom 19. 3. 1956 (BGBl. I S. 111) folgender Artikel 65 a eingefügt:

Art. 65 a (Befehls- und Kommandogewalt)
(1) Der Bundesminister für Verteidigung hat die Befehls- und Kommandogewalt über die Streitkräfte.

(2) Mit der Verkündung des Verteidigungsfalles geht die Befehls- und Kommandogewalt auf den Bundeskanzler über.

17   Artikel 65 a Abs. 2 wird durch Gesetz vom 24. 6. 1968 (BGBl. I S. 709) gestrichen.

Art. 66 (Kein Nebenberuf)
Der Bundeskanzler und die Bundesminister dürfen kein anderes besoldetes Amt, kein Gewerbe und keinen Beruf ausüben und weder der Leitung noch ohne Zustimmung des Bundestages dem Aufsichtsrate eines auf Erwerb gerichteten Unternehmens angehören.

Art. 67 (Konstruktives Mißtrauensvotum)
(1) Der Bundestag kann dem Bundeskanzler das Mißtrauen nur dadurch aussprechen, daß er mit der Mehrheit seiner Mitglieder einen Nachfolger wählt und den Bundespräsidenten ersucht, den Bundeskanzler zu entlassen. Der Bundespräsident muß dem Ersuchen entsprechen und den Gewählten ernennen.
(2) Zwischen dem Antrage und der Wahl müssen achtundvierzig Stunden liegen.

Art. 68 (Vertrauensfrage, Bundestagsauflösung)
(1) Findet ein Antrag des Bundeskanzlers, ihm das Vertrauen auszusprechen, nicht die Zustimmung der Mehrheit der Mitglieder des Bundestages, so kann der Bundespräsident auf Vorschlag des Bundeskanzlers binnen einundzwanzig Tagen den Bundestag auflösen. Das Recht zur Auflösung erlischt, sobald der Bundestag mit der Mehrheit seiner Mitglieder einen anderen Bundeskanzler wählt.
(2) Zwischen dem Antrage und der Abstimmung müssen achtundvierzig Stunden liegen.

Art. 69 (Stellvertreter des Bundeskanzlers)
(1) Der Bundeskanzler ernennt einen Bundesminister zu seinem Stellvertreter.
(2) Das Amt des Bundeskanzlers oder eines Bundesministers endigt in jedem Falle mit dem Zusammentritt eines neuen Bundestages, das Amt eines Bundesministers auch mit jeder anderen Erledigung des Amtes des Bundeskanzlers.
(3) Auf Ersuchen des Bundespräsidenten ist der Bundeskanzler, auf Ersuchen des Bundeskanzlers oder des Bundespräsidenten ein Bundesminister verpflichtet, die Geschäfte bis zur Ernennung seines Nachfolgers weiterzuführen.

VII. Die Gesetzgebung des Bundes

Art. 70 (Bundes- und Ländergesetzgebung)
(1) Die Länder haben das Recht der Gesetzgebung, soweit dieses Grundgesetz nicht dem Bunde Gesetzgebungsbefugnisse verleiht.
(2) Die Abgrenzung der Zuständigkeit zwischen Bund und Ländern bemißt sich nach den Vorschriften dieses Grundgesetzes über die ausschließliche und die konkurrierende Gesetzgebung.

Art. 71 (Ausschließliche Gesetzgebung)
Im Bereiche der ausschließlichen Gesetzgebung des Bundes haben die Länder die Befugnisse zur Gesetzgebung nur, wenn und soweit sie hierzu in einem Bundesgesetze ausdrücklich ermächtigt werden.

Art. 72 (Konkurrierende Gesetzgebung)
(1) Im Bereiche der konkurrierenden Gesetzgebung haben die Länder die Befugnis zur Gesetzgebung, solange und soweit der Bund von seinem Gesetzgebungsrecht keinen Gebrauch macht.
(2) Der Bund hat in diesem Bereiche das Gesetzgebungsrecht, soweit ein Bedürfnis nach bundesgesetzlicher Regelung besteht, weil
1. eine Angelegenheit durch die Gesetzgebung einzelner Länder nicht wirksam geregelt werden kann oder
2. die Regelung einer Angelegenheit durch ein Landesgesetz die Interessen anderer Länder oder der Gesamtheit beeinträchtigen könnte oder

3. die Wahrung der Rechts- oder Wirtschaftseinheit, insbesondere die Wahrung der Einheitlichkeit der Lebensverhältnisse über das Gebiet eines Landes hinaus sie erfordert.

Art. 73 (Gegenstände der ausschließlichen Gesetzgebung)
Der Bund hat die ausschließliche Gesetzgebung über:
1. die auswärtigen Angelegenheiten;
2. die Staatsangehörigkeit im Bunde;
3. die Freizügigkeit, das Paßwesen, die Ein- und Auswanderung und die Auslieferung;
4. das Währungs-, Geld- und Münzwesen, Maße und Gewichte sowie die Zeitbestimmung;
5. die Einheit des Zoll- und Handelsgebietes, die Handels- und Schiffahrtsverträge, die Freizügigkeit des Warenverkehrs und den Waren- und Zahlungsverkehr mit dem Auslande einschließlich des Zoll- und Grenzschutzes;
6. die Bundeseisenbahnen und den Luftverkehr;
7. das Post- und Fernmeldewesen;
8. die Rechtsverhätnisse der im Dienste des Bundes und der bundesunmittelbaren Körperschaften des öffentlichen Rechtes stehenden Personen;
9. den gewerblichen Rechtsschutz, das Urheberrecht und das Verlagsrecht;
10. die Zusammenarbeit des Bundes und der Länder in der Kriminalpolizei und in Angelegenheiten des Verfassungsschutzes, die Einrichtung eines Bundeskriminalpolizeiamtes sowie die internationale Verbrechensbekämpfung;
11. die Statistik für Bundeszwecke.

4 Artikel 73 Nr. 1 erhält durch Gesetz vom 26. 3. 1954 (BGBl. I S. 45) folgende Fassung:
1. die auswärtigen Angelegenheiten sowie die Verteidigung einschließlich der Wehrpflicht für Männer vom vollendeten achtzehnten Lebensjahr an und des Schutzes der Zivilbevölkerung;

17 Artikel 73 Nr. 1 erhält durch Gesetz vom 24. 6. 1968 (BGBl. I S. 709) folgende Fassung:
1. die auswärtigen Angelegenheiten sowie die Verteidigung einschließlich des Schutzes der Zivilbevölkerung;

31 Artikel 73 Nr. 10 erhält durch Gesetz vom 28. 7. 1972 (BGBl. I S. 1305) folgende Fassung:

10. die Zusammenarbeit des Bundes und der Länder
    a) in der Kriminalpolizei,
    b) zum Schutze der freiheitlichen demokratischen Grundordnung, des Bestandes und der Sicherheit des Bundes oder eines Landes (Verfassungsschutz) und
    c) zum Schutze gegen Bestrebungen im Bundesgebiet, die durch Anwendung von Gewalt oder darauf gerichtete Vorbereitungshandlungen auswärtige Belange der Bundesrepublik Deutschland gefährden,
    sowie die Einrichtung eines Bundeskriminalpolizeiamtes und die internationale Verbrechensbekämpfung;

Art. 74 (Gegenstände der konkurrierenden Gesetzgebung)
Die konkurrierende Gesetzgebung erstreckt sich auf folgende Gebiete:
1. das bürgerliche Recht, das Strafrecht und den Strafvollzug, die Gerichtsverfassung, das gerichtliche Verfahren, die Rechtsanwaltschaft, das Notariat und die Rechtsberatung;
2. das Personenstandswesen;
3. das Vereins- und Versammlungsrecht;
4. das Aufenthalts- und Niederlassungsrecht der Ausländer;
5. den Schutz deutschen Kulturgutes gegen Abwanderung in das Ausland;
6. die Angelegenheiten der Flüchtlinge und Vertriebenen;
7. die öffentliche Fürsorge;
8. die Staatsangehörigkeit in den Ländern;
9. die Kriegsschäden und die Wiedergutmachung;
    10. die Versorgung der Kriegsbeschädigten und Kriegshinterbliebenen, die Fürsorge für die ehemaligen Kriegsgefangenen und die Sorge für die Kriegsgräber;
11. das Recht der Wirtschaft (Bergbau, Industrie, Energiewirtschaft, Handwerk, Gewerbe, Handel, Bank- und Börsenwesen, privatrechtliches Versicherungswesen);
12. das Arbeitsrecht einschließlich der Betriebsverfassung, des Arbeitsschutzes und der Arbeitsvermittlung sowie die Sozialversicherung einschließlich der Arbeitslosenversicherung;
    13. die Förderung der wissenschaftlichen Forschung;
14. das Recht der Enteignung, soweit sie auf den Sachgebieten der Art. 73 und 74 in Betracht kommt;
15. die Überführung von Grund und Boden, von Naturschätzen

und Produktionsmitteln in Gemeineigentum oder in andere Formen der Gemeinwirtschaft;
16. die Verhütung des Mißbrauchs wirtschaftlicher Machtstellung;
17. die Förderung der land- und forstwirtschaftlichen Erzeugung, die Sicherung der Ernährung, die Ein- und Ausfuhr land- und forstwirtschaftlicher Erzeugnisse, die Hochsee- und Küstenfischerei und den Küstenschutz;
18. den Grundstücksverkehr, das Bodenrecht und das landwirtschaftliche Pachtwesen, das Wohnungswesen, das Siedlungs- und Heimstättenwesen;
19. die Maßnahmen gegen gemeingefährliche und übertragbare Krankheiten bei Menschen und Tieren, die Zulassung zu ärztlichen und anderen Heilberufen und zum Heilgewerbe, den Verkehr mit Arzneien, Heil- und Betäubungsmitteln und Giften;
20. den Schutz beim Verkehr mit Lebens- und Genußmitteln sowie Bedarfsgegenständen, mit Futtermitteln, mit land- und forstwirtschaftlichem Saat- und Pflanzengut und den Schutz der Bäume und Pflanzen gegen Krankheiten und Schädlinge;
21. die Hochsee- und Küstenschiffahrt sowie die Seezeichen, die Binnenschiffahrt, den Wetterdienst, die Seewasserstraßen und die dem allgemeinen Verkehr dienenden Binnenwasserstraßen;
22. den Straßenverkehr, das Kraftfahrwesen und den Bau und die Unterhaltung von Landstraßen des Fernverkehrs;
23. die Schienenbahnen, die nicht Bundeseisenbahnen sind, mit Ausnahme der Bergbahnen.

10 Nach Artikel 74 Nr. 11 wird durch Gesetz vom 23. 12. 1959 (BGBl. I S. 813) folgende Nummer 11 a eingefügt:
11 a. die Erzeugung und Nutzung der Kernenergie zu friedlichen Zwecken, die Errichtung und den Betrieb von Anlagen, die diesen Zwecken dienen, den Schutz gegen Gefahren, die bei Freiwerden von Kernenergie oder durch ionisierende Strahlen entstehen, und die Beseitigung radioaktiver Stoffe;

13 Artikel 74 Nr. 10 erhält durch Gesetz vom 16. 6. 1965 (BGBl. I S. 513) folgende Fassung:
10. die Versorgung der Kriegsbeschädigten und Kriegshinterbliebenen und die Fürsorge für die ehemaligen Kriegsgefangenen;

13 In Artikel 74 wird durch Gesetz vom 16. 6. 1965 (BGBl. I S. 513) folgende Nummer 10 a eingefügt:
10 a. die Kriegsgräber und Gräber anderer Opfer des Krieges und Opfer von Gewaltherrschaft;

22 Artikel 74 wird durch Gesetz vom 12. 5. 1969 (BGBl. I S. 363) wie folgt geändert:
Nummer 13 erhält folgende Fassung:
13. die Regelung der Ausbildungsbeihilfen und die Förderung der wissenschaftlichen Forschung;
Nach Nummer 19 wird folgende Nummer 19 a eingefügt:
19 a. die wirtschaftliche Sicherung der Krankenhäuser und die Regelung der Krankenhauspflegesätze;
Nummer 22 erhält folgende Fassung:
22. den Straßenverkehr, das Kraftfahrwesen, den Bau und die Unterhaltung von Landstraßen für den Fernverkehr sowie die Erhebung und Verteilung von Gebühren für die Benutzung öffentlicher Straßen mit Fahrzeugen;

29 Artikel 74 Nr. 20 erhält durch Gesetz vom 18. 3. 1971 (BGBl. I S. 207) folgende Fassung:
20. den Schutz beim Verkehr mit Lebens- und Genußmitteln, Bedarfsgegenständen, Futtermitteln und land- und forstwirtschaftlichem Saat- und Pflanzgut, den Schutz der Pflanzen gegen Krankheiten und Schädlinge sowie den Tierschutz;

30 Hinter Artikel 74 Nr. 23 wird durch Gesetz vom 12. 4. 1972 (BGBl. I S. 593) folgende Nummer 24 angefügt:
24. die Abfallbeseitigung, die Luftreinhaltung und die Lärmbekämpfung.

31 In Artikel 74 wird durch Gesetz vom 28. 7. 1972 (BGBl. I S. 1305) als neue Nummer 4 a eingeügt:
4 a. das Waffenrecht;

34 Artikel 74 Nr. 4 a erhält durch Gesetz vom 23. 8. 1976 (BGBl. I S. 2383) folgende Fassung:
4a. das Waffen- und das Sprengstoffrecht;

28 Nach Artikel 74 wird durch Gesetz vom 18. 3. 1971 (BGBl. I S. 206) folgender neuer Artikel 74 a eingefügt:

Art. 74 a (Konkurrierende Gesetzgebung für den öffentlichen Dienst)
(1) Die konkurrierende Gesetzgebung erstreckt sich ferner auf die Besoldung und Versorgung der Angehörigen des öffentlichen Dienstes, die in einem öffentlich-rechtlichen Dienst- und Treueverhältnis stehen, soweit dem Bund nicht nach Artikel 73 Nr. 8 die ausschließliche Gesetzgebung zusteht.
(2) Bundesgesetze nach Absatz 1 bedürfen der Zustimmung des Bundesrates.
(3) Der Zustimmung des Bundesrates bedürfen auch Bundesgesetze nach Artikel 73 Nr. 8, soweit sie andere Maßstäbe für den Aufbau oder die Bemessung der Besoldung und Versorgung einschließlich der Bewertung der Ämter oder andere Mindest- oder Höchstbeträge vorsehen als Bundesgesetze nach Absatz 1.
(4) Die Absätze 1 und 2 gelten entsprechend für die Besoldung und Versorgung der Landesrichter. Für Gesetze nach Artikel 98 Abs. 1 gilt Absatz 3 entsprechend.

Art. 75 (Rahmengesetzgebung)
Der Bund hat das Recht, unter den Voraussetzungen des Artikels 72 Rahmenvorschriften zu erlassen über:
1. die Rechtsverhältnisse der im öffentlichen Dienste der Länder, Gemeinden und anderen Körperschaften des öffentlichen Rechts stehenden Personen;
2. die allgemeinen Rechtsverhältnisse der Presse und des Films;
3. das Jagdwesen, den Naturschutz und die Landschaftspflege;
4. die Bodenverteilung, die Raumordnung und den Wasserhaushalt;
5. das Melde- und Ausweiswesen.

22 Artikel 75 wird durch Gesetz vom 12. 5. 1969 (BGBl. I S. 363) wie folgt geändert:
a) der bisherige Wortlaut des Artikels 75 wird Absatz 1.
b) In Absatz 1 wird hinter Nummer 1 folgende Nummer 1 a eingefügt:

1 a. die allgemeinen Grundsätze des Hochschulwesens;

c) Hinter Absatz 1 werden folgende Absätze 2 und 3 angefügt:
(2) Rahmenvorschriften nach Absatz 1 Nr. 1 können mit Zustimmung des Bundesrates auch einheitliche Maßstäbe für den Aufbau und die Bemessung der Besoldung einschließlich der Bewertung der Ämter sowie Mindest- und Höchstbe-

träge vorsehen. Der Zustimmug des Bundesrates bedürfen auch Gesetze nach Artikel 73 Nr. 8, die von den nach Satz 1 getroffenen Regelungen abweichen.
(3) Absatz 2 gilt für Rahmenvorschriften nach Artikel 98 Abs. 3 Satz 2 und Gesetze nach Artikel 98 Abs. 1 entsprechend.

28 Artikel 75 wird durch Gesetz vom 18. 3. 1971 (BGBl. I S. 206) wie folgt geändert:
a) Die Absätze 2 und 3 werden gestrichen.
b) Absatz 1 wird einziger Absatz.
c) Nummer 1 erhält folgende Fassung:
1. die Rechtsverhältnisse der im öffentlichen Dienste der Länder, Gemeinden und anderen Körperschaften des öffentlichen Rechts stehenden Personen, soweit Artikel 74 a nichts anderes bestimmt;

Art. 76 (Gesetzesinitiative)
(1) Gesetzesvorlagen werden beim Bundestage durch die Bundesregierung, aus der Mitte des Bundestages oder durch den Bundesrat eingebracht.
(2) Vorlagen der Bundesregierung sind zunächst dem Bundesrate zuzuleiten. Der Bundesrat ist berechtigt, innerhalb von drei Wochen zu diesen Vorlagen Stellung zu nehmen.
(3) Vorlagen des Bundesrates sind dem Bundestage durch die Bundesregierung zuzuleiten.
Sie hat hierbei ihre Auffassung darzulegen.

18 In Artikel 76 Abs. 2 Satz 2 wird durch Gesetz vom 15. 11. 1968 (BGBl. I S. 1177) das Wort »drei« durch das Wort »sechs« ersetzt und folgender Satz 3 angefügt:
Die Bundesregierung kann eine Vorlage, die sie bei der Zuleitung an den Bundesrat ausnahmsweise als besonders eilbedürftig bezeichnet hat, nach drei Wochen dem Bundestage zuleiten, auch wenn die Stellungnahme des Bundesrates noch nicht bei ihr eingegangen ist; sie hat die Stellungnahme unverzüglich nach Eingang dem Bundestage nachzureichen.

23 Artikel 76 Abs. 3 Satz 1 erhält durch Gesetz vom 17. 7. 1969 (BGBl. I S. 817) folgende Fassung:
(3) Vorlagen des Bundesrates sind dem Bundestage durch die Bundesregierung innerhalb von drei Monaten zuzuleiten.

Art. 77 (Gesetzgebungsverfahren)
(1) Die Bundesgesetze werden vom Bundestage beschlossen. Sie sind nach ihrer Annahme durch den Präsidenten des Bundestages unverzüglich dem Bundesrate zuzuleiten.
(2) Der Bundesrat kann binnen zwei Wochen nach Eingang des Gesetzesbeschlusses verlangen, daß ein aus Mitgliedern des Bundestages und des Bunderates für die gemeinsame Beratung von Vorlagen gebildeter Ausschuß einberufen wird. Die Zusammensetzung und das Verfahren dieses Ausschusses regelt eine Geschäftsordnung, die vom Bundestag beschlossen wird und der Zustimmung des Bundesrates bedarf. Die in diesen Ausschuß entsandten Mitglieder des Bundesrates sind nicht an Weisungen gebunden. Ist zu einem Gesetze die Zustimmung des Bundesrates erforderlich, so können auch der Bundestag und die Bundesregierung die Einberufung verlangen. Schlägt der Ausschuß eine Änderung des Gesetzesbeschlusses vor, so hat der Bundestag erneut Beschluß zu fassen.
(3) Soweit zu einem Gesetze die Zustimmung des Bundesrates nicht erforderlich ist, kann der Bundesrat, wenn das Verfahren nach Abs. 2 beendigt ist, gegen ein vom Bundestage beschlossenes Gesetz binnen einer Woche Einspruch einlegen.

Die Einspruchsfrist beginnt im Falle des Abs. 2 letzter Satz mit dem Eingange des vom Bundestage erneut gefaßten Beschlusses, in allen anderen Fällen mit dem Abschlusse des Verfahrens vor dem in Abs. 2 vorgesehenen Ausschusse.

(4) Wird der Einspruch mit der Mehrheit der Stimmen des Bundesrates beschlossen, so kann er durch Beschluß der Mehrheit der Mitglieder des Bundestages zurückgewiesen werden. Hat der Bundesrat den Einspruch mit einer Mehrheit von mindestens zwei Dritteln seiner Stimmen beschlossen, so bedarf die Zurückweisung durch den Bundestag einer Mehrheit von zwei Dritteln, mindestens der Mehrheit der Mitglieder des Bundestages.

18 Artikel 77 wird durch Gesetz vom 15. 11. 1968 (BGBl. I S. 1177) wie folgt geändert:

In Artikel 77 Abs. 2 Satz 1 wird das Wort »zwei« durch das Wort »drei« ersetzt.
In Artikel 77 Abs. 3 Satz 1 werden die Worte »einer Woche« durch die Worte »zwei Wochen« ersetzt.
Artikel 77 Abs. 3 Satz 2 erhält folgende Fassung:

Die Einspruchsfrist beginnt im Falle des Absatzes 2 letzter Satz mit dem Eingange des vom Bundestage erneut gefaßten Beschlusses, in allen anderen Fällen mit dem Eingange der Mitteilung des Vorsitzenden des in Absatz 2 vorgesehenen Ausschusses, daß das Verfahren vor dem Ausschusse abgeschlossen ist.

Art. 78 (Zustandekommen von Gesetzen)
Ein vom Bundestage beschlossenes Gesetz kommt zustande, wenn der Bundesrat zustimmt, den Antrag gemäß Artikel 77 Abs. 2 nicht stellt, innerhalb der Frist des Artikels 77 Abs. 3 keinen Einspruch einlegt oder ihn zurücknimmt oder wenn der Einspruch vom Bundestage überstimmt wird.

Art. 79 (Grundgesetzänderung)
(1) Das Grundgesetz kann nur durch ein Gesetz geändert werden, das den Wortlaut des Grundgesetzes ausdrücklich ändert oder ergänzt.
(2) Ein solches Gesetz bedarf der Zustimmung von zwei Dritteln der Mitglieder des Bundestages und zwei Dritteln der Stimmen des Bundesrates.
(3) Eine Änderung dieses Grundgesetzes, durch welche die Gliederung des Bundes in Länder, die grundsätzliche Mitwirkung der Länder bei der Gesetzgebung oder die in den Art. 1 und 20 niedergelegten Grundsätzen berührt werden, ist unzulässig.

4 Artikel 79 Abs. 1 erhält durch Gesetz vom 26. 3. 1954 (BGBl. I S. 45) folgenden Satz 2:
Bei völkerrechtlichen Verträgen, die eine Friedensregelung, die Vorbereitung einer Friedensregelung oder den Abbau einer besatzungsrechtlichen Ordnung zum Gegenstand haben oder der Verteidigung der Bundesrepublik zu dienen bestimmt sind, genügt zur Klarstellung, daß die Bestimmungen des Grundgesetzes dem Abschluß und dem Inkraftsetzen der Verträge nicht entgegenstehen, eine Ergänzung des Wortlautes des Grundgesetzes, die sich auf diese Klarstellung beschränkt.

Art. 80 (Rechtsverordnung)
(1) Durch Gesetz können die Bundesregierung, ein Bundesminister oder die Landesregierungen ermächtigt werden, Rechtsverordnungen zu erlassen. Dabei müssen Inhalt, Zweck und Ausmaß

der erteilten Ermächtigung im Gesetze bestimmt werden. Die Rechtsgrundlage ist in der Verordnung anzugeben. Ist durch Gesetz vorgesehen, daß eine Ermächtigung weiter übertragen werden kann, so bedarf es zur Übertragung der Ermächtigung einer Rechtsverordnung.

(2) Der Zustimmung des Bundesrates bedürfen, vorbehaltlich anderweitiger bundesgesetzlicher Regelung, Rechtsverordnungen der Bundesregierung oder eines Bundesministers über Grundsätze und Gebühren für die Benutzung der Einrichtungen der Bundeseisenbahnen und des Post- und Fernmeldewesens, über den Bau und Betrieb der Eisenbahnen, sowie Rechtsverordnungen auf Grund von Bundesgesetzen, die der Zustimmung des Bundesrates bedürfen oder die von den Ländern im Auftrage des Bundes oder als eigene Angelegenheit ausgeführt werden.

17 Nach Artikel 80 wird durch Gesetz vom 24. 6. 1968 (BGBl. I S. 709) folgender Artikel 80 a eingefügt:

Art. 80 a (Spannungsfall, Bündnisklausel)
(1) Ist in diesem Grundgesetz oder in einem Bundesgesetz über die Verteidigung einschließlich des Schutzes der Zivilbevölkerung bestimmt, daß Rechtsvorschriften nur nach Maßgabe dieses Artikels angewandt werden dürfen, so ist die Anwendung außer im Verteidigungsfalle nur zulässig, wenn der Bundestag den Eintritt des Spannungsfalles festgestellt oder wenn er der Anwendung besonders zugestimmt hat. Die Feststellung des Spannungsfalles und die besondere Zustimmung in den Fällen des Artikels 12 a Abs. 5 Satz 1 und Abs. 6 Satz 2 bedürfen einer Mehrheit von zwei Dritteln der abgegebenen Stimmen.

(2) Maßnahmen auf Grund von Rechtsvorschriften nach Absatz 1 sind aufzuheben, wenn der Bundestag es verlangt.

(3) Abweichend von Absatz 1 ist die Anwendung solcher Rechtsvorschriften auch auf der Grundlage und nach Maßgabe eines Beschlusses zulässig, der von einem internationalen Organ im Rahmen eines Bündnisvertrages mit Zustimmung der Bundesregierung gefaßt wird. Maßnahmen nach diesem Absatz sind aufzuheben, wenn der Bundestag es mit der Mehrheit seiner Mitglieder verlangt.

Art. 81 (Gesetzgebungsnotstand)
(1) Wird im Falle des Artikels 68 der Bundestag nicht aufgelöst, so kann der Bundespräsident auf Antrag der Bundesregierung mit Zustimmung des Bundesrates für eine Gesetzesvorlage den Gesetzgebungsnotstand erklären, wenn der Bundestag sie ablehnt, obwohl die Bundesregierung sie als dringlich bezeichnet hat. Das gleiche gilt, wenn eine Gesetzesvorlage abgelehnt worden ist, obwohl der Bundeskanzler mit ihr den Antrag des Artikels 68 verbunden hatte.
(2) Lehnt der Bundestag die Gesetzesvorlage nach Erklärung des Gesetzgebungsnotstandes erneut ab oder nimmt er sie in einer für die Bundesregierung als unannehmbar bezeichneten Fassung an, so gilt das Gesetz als zustande gekommen, soweit der Bundesrat ihm zustimmt. Das gleiche gilt, wenn die Vorlage vom Bundestage nicht innerhalb von vier Wochen nach der erneuten Einbringung verabschiedet wird.
(3) Während der Amtszeit eines Bundeskanzlers kann auch jede andere vom Bundestage abgelehnte Gesetzesvorlage innerhalb einer Frist von sechs Monaten nach der ersten Erklärung des Gesetzgebungsnotstandes gemäß Absatz 1 und 2 verabschiedet werden. Nach Ablauf der Frist ist während der Amtszeit des gleichen Bundeskanzlers eine weitere Erklärung des Gesetzgebungsnotstandes unzulässig.
(4) Das Grundgesetz darf durch ein Gesetz, das nach Absatz 2 zustande kommt, weder geändert, noch ganz oder teilweise außer Kraft oder außer Anwendung gesetzt werden.

Art. 82 (Inkrafttreten von Gesetzen)
(1) Die nach den Vorschriften dieses Grundgesetzes zustande gekommenen Gesetze werden vom Bundespräsidenten nach Gegenzeichnung ausgefertigt und im Bundesgesetzblatte verkündet. Rechtsverordnungen werden von der Stelle, die sie erläßt, ausgefertigt und vorbehaltlich anderweitiger gesetzlicher Regelung im Bundesgesetzblatte verkündet.
(2) Jedes Gesetz und jede Rechtsverordnung soll den Tag des Inkrafttretens bestimmen. Fehlt eine solche Bestimmung, so treten sie mit dem vierzehnten Tage nach Ablauf des Tages in Kraft, an dem das Bundesgesetzblatt ausgegeben worden ist.

VIII. Die Ausführung der Bundesgesetze und die Bundesverwaltung

Art. 83 (Länderausführung der Bundesgesetze)
Die Länder führen die Bundesgesetze als eigene Angelegenheit aus, soweit dieses Grundgesetz nichts anderes bestimmt oder zuläßt.

Art. 84 (Grundsätze der Länderausführung, Bundesaufsicht)
(1) Führen die Länder die Bundesgesetze als eigene Angelegenheit aus, so regeln sie die Einrichtung der Behörden und das Verwaltungsverfahren, soweit nicht Bundesgesetze mit Zustimmung des Bundesrates etwas anderes bestimmen.
(2) Die Bundesregierung kann mit Zustimmung des Bundesrates allgemeine Verwaltungsvorschriften erlassen.
(3) Die Bundesregierung übt die Aufsicht darüber aus, daß die Länder die Bundesgesetze dem geltenden Rechte gemäß ausführen. Die Bundesregierung kann zu diesem Zwecke Beauftragte zu den obersten Landesbehörden entsenden, mit deren Zustimmung und, falls diese Zustimmung versagt wird, mit Zustimmung des Bundesrates auch zu den nachgeordneten Behörden.
(4) Werden Mängel, die die Bundesregierung bei der Ausführung der Bundesgesetze in den Ländern festgestellt hat, nicht beseitigt, so beschließt auf Antrag der Bundesregierung oder des Landes der Bundesrat, ob das Land das Recht verletzt hat. Gegen den Beschluß des Bundesrates kann das Bundesverfassungsgericht angerufen werden.
(5) Der Bundesregierung kann durch Bundesgesetz, das der Zustimmung des Bundesrates bedarf, zur Ausführung von Bundesgesetzen die Befugnis verliehen werden, für besondere Fälle Einzelweisungen zu erteilen. Sie sind, außer wenn die Bundesregierung den Fall für dringlich erachtet, an die obersten Landesbehörden zu richten.

Art. 85 (Bundesauftragsverwaltung)
(1) Führen die Länder die Bundesgesetze im Auftrage des Bundes aus, so bleibt die Einrichtung der Behörden Angelegenheit der Länder, soweit nicht Bundesgesetze mit Zustimmung des Bundesrates etwas anderes bestimmen.

(2) Die Bundesregierung kann mit Zustimmung des Bundesrates allgemeine Verwaltungsvorschriften erlassen. Sie kann die einheitliche Ausbildung der Beamten und Angestellten regeln. Die Leiter der Mittelbehörden sind mit ihrem Einvernehmen zu bestellen.
(3) Die Landesbehörden unterstehen den Weisungen der zuständigen obersten Bundesbehörden. Die Weisungen sind, außer wenn die Bundesregierung es für dringlich erachtet, an die obersten Landesbehörden zu richten. Der Vollzug der Weisung ist durch die obersten Landesbehörden sicherzustellen.
(4) Die Bundesaufsicht erstreckt sich auf Gesetzmäßigkeit und Zweckmäßigkeit der Ausführung. Die Bundesregierung kann zu diesem Zwecke Bericht und Vorlage der Akten verlangen und Beauftragte zu allen Behörden entsenden.

Art. 86 (Bundeseigene Verwaltung)
Führt der Bund die Gesetze durch bundeseigene Verwaltung oder durch bundesunmittelbare Körperschaften oder Anstalten des öffentlichen Rechtes aus, so erläßt die Bundesregierung, soweit nicht das Gesetz Besonderes vorschreibt, die allgemeinen Verwaltungsvorschriften. Sie regelt, soweit das Gesetz nichts anderes bestimmt, die Einrichtung der Behörden.

Art. 87 (Gegenstände der bundeseigenen Verwaltung)
(1) In bundeseigener Verwaltung mit eigenem Verwaltungsunterbau werden geführt der Auswärtige Dienst, die Bundesfinanzverwaltung, die Bundeseisenbahnen, die Bundespost und nach Maßgabe des Artikels 89 die Verwaltung der Bundeswasserstraßen und der Schiffahrt.

> Durch Bundesgesetz können Bundesgrenzschutzbehörden, Zentralstellen für das polizeiliche Auskunfts- und Nachrichtenwesen, zur Sammlung von Unterlagen für Zwecke des Verfassungsschutzes und für die Kriminalpolizei eingerichtet werden.

(2) Als bundesunmittelbare Körperschaften des öffentlichen Rechtes werden diejenigen sozialen Versicherungsträger geführt, deren Zuständigkeitsbereich sich über das Gebiet eines Landes hinaus erstreckt.
(3) Außerdem können für Angelegenheiten, für die dem Bunde die Gesetzgebung zusteht, selbständige Bundesoberbehörden und neue bundesunmittelbare Körperschaften und Anstalten des öffentlichen Rechtes durch Bundesgesetz errichtet werden. Erwachsen dem Bunde auf Gebieten, für die ihm die Gesetzgebung

zusteht, neue Aufgaben, so können bei dringendem Bedarf bundeseigene Mittel- und Unterbehörden mit Zustimmung des Bundesrates und der Mehrheit der Mitglieder des Bundestages errichtet werden.

31 Artikel 87 Abs. 1 Satz 2 erhält durch Gesetz vom 28. 7. 1972 (BGBl. I S. 1305) folgende Fassung:
Durch Bundesgesetz können Bundesgrenzschutzbehörden, Zentralstellen für das polizeiliche Auskunfts- und Nachrichtenwesen, für die Kriminalpolizei und zur Sammlung von Unterlagen für Zwecke des Verfassungsschutzes und des Schutzes gegen Bestrebungen im Bundesgebiet, die durch Anwendung von Gewalt oder darauf gerichtete Vorbereitungshandlungen auswärtige Belange der Bundesrepublik Deutschland gefährden, eingerichtet werden.

7 Nach Artikel 87 wird durch Gesetz vom 19. 3. 1956 (BGBl. I S. 111) folgender Artikel 87 a eingefügt:

Art. 87 a (Einsatz der Streitkräfte)
Die zahlenmäßige Stärke der vom Bunde zur Verteidigung aufgestellten Streitkräfte und die Grundzüge ihrer Organisation müssen sich aus dem Haushaltsplan ergeben.

17 Artikel 87 a erhält durch Gesetz vom 24. 6. 1968 (BGBl. I S. 709) folgende Fassung:
(1) Der Bund stellt Streitkräfte zur Verteidigung auf. Ihre zahlenmäßige Stärke und die Grundzüge ihrer Organisation müssen sich aus dem Haushaltsplan ergeben.
(2) Außer zur Verteidigung dürfen die Streitkräfte nur eingesetzt werden, soweit dieses Grundgesetz es ausdrücklich zuläßt.
(3) Die Streitkräfte haben im Verteidigungsfalle und im Spannungsfalle die Befugnis, zivile Objekte zu schützen und Aufgaben der Verkehrsregelung wahrzunehmen, soweit dies zur Erfüllung ihres Verteidigungsauftrages erforderlich ist. Außerdem kann den Streitkräften im Verteidigungsfalle und im Spannungsfalle der Schutz ziviler Objekte auch zur Unterstützung polizeilicher Maßnahmen übertragen werden; die Streitkräfte wirken dabei mit den zuständigen Behörden zusammen.
(4) Zur Abwehr einer drohenden Gefahr für den Bestand oder die freiheitliche demokratische Grundordnung des Bundes oder eines

Landes kann die Bundesregierung, wenn die Voraussetzungen des Artikels 91 Abs. 2 vorliegen und die Polizeikräfte sowie der Bundesgrenzschutz nicht ausreichen, Streitkräfte zur Unterstützung der Polizei und des Bundesgrenzschutzes beim Schutze von zivilen Objekten und bei der Bekämpfung organisierter und militärisch bewaffneter Aufständischer einsetzen. Der Einsatz von Streitkräften ist einzustellen, wenn der Bundestag oder der Bundesrat es verlangen.

7 Nach Artikel 87 a wird durch Gesetz vom 19. 3. 1956 (BGBl. I S. 111) folgender Artikel 87 b eingefügt:

Art. 87 b (Bundeswehrverwaltung)
(1) Die Bundeswehrverwaltung wird in bundeseigener Verwaltung mit eigenem Verwaltungsunterbau geführt. Sie dient den Aufgaben des Personalwesens und der unmittelbaren Deckung des Sachbedarfs der Streitkräfte. Aufgaben der Beschädigtenversorgung und des Bauwesens können der Bundeswehrverwaltung nur durch Bundesgesetz, das der Zustimmung des Bundesrates bedarf, übertragen werden. Der Zustimmung des Bundesrates bedürfen ferner Gesetze, soweit sie die Bundeswehrverwaltung zu Eingriffen in Rechte Dritter ermächtigen; das gilt nicht für Gesetze auf dem Gebiete des Personalwesens.
(2) Im übrigen können Bundesgesetze, die der Verteidigung einschließlich des Wehrersatzwesens und des Schutzes der Zivilbevölkerung dienen, mit Zustimmung des Bundesrates bestimmen, daß sie ganz oder teilweise in bundeseigener Verwaltung mit eigenem Verwaltungsunterbau oder von den Ländern im Auftrage des Bundes ausgeführt werden. Werden solche Gesetze von den Ländern im Auftrage des Bundes ausgeführt, so können sie mit Zustimmung des Bundesrates bestimmen, daß die der Bundesregierung und den zuständigen obersten Bundesbehörden auf Grund des Artikels 85 zustehenden Befugnisse ganz oder teilweise Bundesoberbehörden übertragen werden; dabei kann bestimmt werden, daß diese Behörden beim Erlaß allgemeiner Verwaltungsvorschriften gemäß Artikel 85 Abs. 2 Satz 1 nicht der Zustimmung des Bundesrates bedürfen.

10 Nach Artikel 87 b wird durch Gesetz vom 23. 12. 1959 (BGBl. I S. 813) folgender Artikel 87 c eingefügt:

Art. 87 c (Erzeugung und Nutzung von Kernenergie)
Gesetze, die auf Grund des Artikels 74 Nr. 11 a ergehen, können mit Zustimmung des Bundesrates bestimmen, daß sie von den Ländern im Auftrage des Bundes ausgeführt werden.

11 Nach Artikel 87 c wird durch Gesetz vom 6. 2. 1961 (BGBl. I S. 65) folgender Artikel 87 d eingefügt:

Art. 87 d (Luftverkehrsverwaltung)
(1) Die Luftverkehrsverwaltung wird in bundeseigener Verwaltung geführt.
(2) Durch Bundesgesetz, das der Zustimmung des Bundesrates bedarf, können Aufgaben der Luftverkehrsverwaltung den Ländern als Auftragsverwaltung übertragen werden.

Art. 88 (Bundesbank)
Der Bund errichtet eine Währungs- und Notenbank als Bundesbank.

Art. 89 (Bundeswasserstraßen)
(1) Der Bund ist Eigentümer der bisherigen Reichswasserstraßen.
(2) Der Bund verwaltet die Bundeswasserstraßen durch eigene Behörden. Er nimmt die über den Bereich eines Landes hinausgehenden staatlichen Aufgaben der Binnenschiffahrt und die Aufgaben der Seeschiffahrt wahr, die ihm durch Gesetz übertragen werden. Er kann die Verwaltung von Bundeswasserstraßen, soweit sie im Gebiete eines Landes liegen, diesem Lande auf Antrag als Auftragsverwaltung übertragen. Berührt eine Wasserstraße das Gebiet mehrerer Länder, so kann der Bund das Land beauftragen, für das die beteiligten Länder es beantragen.
(3) Bei der Verwaltung, dem Ausbau und dem Neubau von Wasserstraßen sind die Bedürfnisse der Landeskultur und der Wasserwirtschaft im Einvernehmen mit den Ländern zu wahren.

Art. 90 (Bundesautobahnen und -straßen)
(1) Der Bund ist Eigentümer der bisherigen Reichsautobahnen und Reichsstraßen.

(2) Die Länder oder die nach Landesrecht zuständigen Selbstverwaltungskörperschaften verwalten die Bundesautobahnen und sonstigen Bundesstraßen des Fernverkehrs im Auftrage des Bundes.
(3) Auf Antrag eines Landes kann der Bund Bundesautobahnen und sonstige Bundesstraßen des Fernverkehrs, soweit sie im Gebiet dieses Landes liegen, in bundeseigene Verwaltung übernehmen.

Art. 91 (Abwehr drohender Gefahr)

(1) Zur Abwehr einer drohenden Gefahr für den Bestand oder die freiheitliche demokratische Grundordnung des Bundes oder eines Landes kann ein Land die Polizeikräfte anderer Länder anfordern.
(2) Ist das Land, in dem die Gefahr droht, nicht selbst zur Bekämpfung der Gefahr bereit oder in der Lage, so kann die Bundesregierung die Polizei in diesem Lande und die Polizeikräfte anderer Länder ihren Weisungen unterstellen. Die Anordnung ist nach Beseitigung der Gefahr, im übrigen jederzeit auf Verlangen des Bundesrates aufzuheben.

17 Artikel 91 erhält durch Gesetz vom 24. 6. 1968 (BGBl. I S. 70) folgende Fassung:
(1) Zur Abwehr einer drohenden Gefahr für den Bestand oder die freiheitliche demokratische Grundordnung des Bundes oder eines Landes kann ein Land Polizeikräfte anderer Länder sowie Kräfte und Einrichtungen anderer Verwaltungen und des Bundesgrenzschutzes anfordern.
(2) Ist das Land, in dem die Gefahr droht, nicht selbst zur Bekämpfung der Gefahr bereit oder in der Lage, so kann die Bundesregierung die Polizei in diesem Lande und die Polizeikräfte anderer Länder ihren Weisungen unterstellen sowie Einheiten des Bundesgrenzschutzes einsetzen. Die Anordnung ist nach Beseitigung der Gefahr, im übrigen jederzeit auf Verlangen des Bundesrates aufzuheben. Erstreckt sich die Gefahr auf das Gebiet mehr als eines Landes, so kann die Bundesregierung, soweit es zur wirksamen Bekämpfung erforderlich ist, den Landesregierungen Weisungen erteilen; Satz 1 und Satz 2 bleiben unberührt.

21 Nach Artikel 91 wird durch Gesetz vom 12. 5. 1969 (BGBl. I S. 359) folgender neuer Abschnitt VIII a eingefügt:

VIII a. Gemeinschaftsaufgaben

Art. 91 a (Mitwirkung des Bundes bei Länderaufgaben)
(1) Der Bund wirkt auf folgenden Gebieten bei der Erfüllung von Aufgaben der Länder mit, wenn diese Aufgaben für die Gesamtheit bedeutsam sind und die Mitwirkung des Bundes zur Verbesserung der Lebensverhältnisse erforderlich ist (Gemeinschaftsaufgaben);
   1. Ausbau und Neubau von wissenschaftlichen Hochschulen einschließlich der Hochschulkliniken,
2. Verbesserung der regionalen Wirtschaftsstruktur,
3. Verbesserung der Agrarstruktur und des Küstenschutzes.

(2) Durch Bundesgesetz mit Zustimmung des Bundesrates werden die Gemeinschaftsaufgaben näher bestimmt. Das Gesetz soll allgemeine Grundsätze für ihre Erfüllung enthalten.
(3) Das Gesetz trifft Bestimmungen über das Verfahren und über Einrichtungen für eine gemeinsame Rahmenplanung. Die Aufnahme eines Vorhabens in die Rahmenplanung bedarf der Zustimmung des Landes, in dessen Gebiet es durchgeführt wird.
(4) Der Bund trägt in den Fällen des Absatzes 1 Nr. 1 und 2 die Hälfte der Ausgaben in jedem Land. In den Fällen des Absatzes 1 Nr. 3 trägt der Bund mindestens die Hälfte; die Beteiligung ist für alle Länder einheitlich festzusetzen. Das Nähere regelt das Gesetz. Die Bereitstellung der Mittel bleibt der Feststellung in den Haushaltsplänen des Bundes und der Länder vorbehalten.
(5) Bundesregierung und Bundesrat sind auf Verlangen über die Durchführung der Gemeinschaftsaufgaben zu unterrichten.

27 Artikel 91 a Abs. 1 Nr. 1 erhält durch Gesetz vom 31. 7. 1970 (BGBl. I S. 1161) folgende Fassung:
1. Ausbau und Neubau von Hochschulen einschließlich der Hochschulkliniken,

21 Art. 91 b (Zusammenwirken von Bund und Ländern)
Bund und Länder können auf Grund von Vereinbarungen bei der Bildungsplanung und bei der Förderung von Einrichtungen und Vorhaben der wissenschaftlichen Forschung von überregionaler Bedeutung zusammenwirken. Die Aufteilung der Kosten wird in der Vereinbarung geregelt.

IX. Die Rechtsprechung

Art. 92 (Richter und Gerichte)
Die rechtsprechende Gewalt ist den Richtern anvertraut; sie wird durch das Bundesverfassungsgericht, durch das Oberste Bundesgericht, durch die in diesem Grundgesetze vorgesehenen Bundesgerichte und durch die Gerichte der Länder ausgeübt.

16 In Artikel 92 werden durch Gesetz vom 18. 6. 1968 (BGBl. I S. 657) die Worte »durch das Oberste Bundesgericht« gestrichen.

Art. 93 (Bundesverfassungsgericht, Aufgaben)
(1) Das Bundesverfassungsgericht entscheidet:
1. über die Auslegung dieses Grundgesetzes aus Anlaß von Streitigkeiten über den Umfang der Rechte und Pflichten eines obersten Bundesorgans oder anderer Beteiligter, die durch dieses Grundgesetz oder in der Geschäftsordnung eines obersten Bundesorgans mit eigenen Rechten ausgestattet sind;
2. bei Meinungsverschiedenheiten oder Zweifeln über die förmliche und sachliche Vereinbarkeit von Bundesrecht oder Landesrecht mit diesem Grundgesetze oder die Vereinbarkeit von Landesrecht mit sonstigem Bundesrechte auf Antrag der Bundesregierung, einer Landesregierung oder eines Drittels der Mitglieder des Bundestages;
3. bei Meinungsverschiedenheiten über Rechte und Pflichten des Bundes und der Länder, insbesondere bei der Ausführung von Bundesrecht durch die Länder und bei der Ausübung der Bundesaufsicht;
4. in anderen öffentlich-rechtlichen Streitigkeiten zwischen dem Bunde und den Ländern, zwischen verschiedenen Ländern oder innerhalb eines Landes, soweit nicht ein anderer Rechtsweg gegeben ist;
5. in den übrigen in diesem Grundgesetze vorgesehenen Fällen.

(2) Das Bundesverfassungsgericht wird ferner in den ihm sonst durch Bundesgesetz zugewiesenen Fällen tätig.

19 In Artikel 93 Abs. 1 werden durch Gesetz vom 29. 1. 1969 (BGBl. I S. 97) folgende Nummer 4 a und 4 b eingefügt:
4 a. über Verfassungsbeschwerden, die von jedermann mit der Behauptung erhoben werden können, durch die öffentliche

Gewalt in einem seiner Grundrechte oder in einem seiner in Artikel 20 Abs. 4, 33, 38, 101, 103 und 104 enthaltenen Rechte verletzt zu sein;

4 b. über Verfassungsbeschwerden von Gemeinden und Gemeindeverbänden wegen Verletzung des Rechts auf Selbstverwaltung nach Artikel 28 durch ein Gesetz, bei Landesgesetzen jedoch nur, soweit nicht Beschwerde beim Landesverfassungsgericht erhoben werden kann;

Art. 94 (Bundesverfassungsgericht, Zusammensetzung)
(1) Das Bundesverfassungsgericht besteht aus Bundesrichtern und anderen Mitgliedern. Die Mitglieder des Bundesverfassungsgerichtes werden je zur Hälfte vom Bundestage und vom Bundesrate gewählt. Sie dürfen weder dem Bundestage, dem Bundesrate, der Bundesregierung noch entsprechenden Organen eines Landes angehören.
(2) Ein Bundesgesetz regelt seine Verfassung und das Verfahren und bestimmt, in welchen Fällen seine Entscheidungen Gesetzeskraft haben.

19 Artikel 94 Abs. 2 wird durch Gesetz vom 29. 1. 1969 (BGBl. I S. 97) folgender Satz angefügt:
Es kann für Verfassungsbeschwerden die vorherige Erschöpfung des Rechtsweges zur Voraussetzung machen und ein besonderes Annahmeverfahren vorsehen.

Art. 95 (Oberste Gerichtsbarkeit)
(1) Zur Wahrung der Einheit des Bundesrechts wird ein Oberstes Bundesgericht errichtet.
(2) Das Oberste Bundesgericht entscheidet in Fällen, deren Entscheidung für die Einheitlichkeit der Rechtsprechung der oberen Bundesgerichte von grundsätzlicher Bedeutung ist.
(3) Über die Berufung der Richter des Obersten Bundesgerichtes entscheidet der Bundesjustizminister gemeinsam mit einem Richterwahlausschuß, der aus den Landesjustizministern und einer gleichen Anzahl von Mitgliedern besteht, die vom Bundestage gewählt werden.
(4) Im übrigen werden die Verfassung des Obersten Bundesgerichts und sein Verfahren durch Bundesgesetz geregelt.

16 Artikel 95 erhält durch Gesetz vom 18. 6. 1968 (BGBl. I S. 657) folgende Fassung:
(1) Für die Gebiete der ordentlichen, der Verwaltungs-, der

Finanz-, der Arbeits- und der Sozialgerichtsbarkeit errichtet der Bund als oberste Gerichtshöfe den Bundesgerichtshof, das Bundesverwaltungsgericht, den Bundesfinanzhof, das Bundesarbeitsgericht und das Bundessozialgericht.

(2) Über die Berufung der Richter dieser Gerichte entscheidet der für das jeweilige Sachgebiet zuständige Bundesminister gemeinsam mit einem Richterwahlausschuß, der aus den für das jeweilige Sachgebiet zuständigen Ministern der Länder und einer gleichen Anzahl von Mitgliedern besteht, die vom Bundestage gewählt werden.

(3) Zur Wahrung der Einheitlichkeit der Rechtsprechung ist ein Gemeinsamer Senat der in Absatz 1 genannten Gerichte zu bilden. Das Nähere regelt ein Bundesgesetz.

Art. 96 (Obere Bundesgerichte)

(1) Für das Gebiet der ordentlichen, der Verwaltungs-, der Finanz-, der Arbeits- und Sozialgerichtsbarkeit sind obere Bundesgerichte zu errichten.
(2) Auf die Richter der oberen Bundesgerichte findet Art. 95 Abs. 3 mit der Maßgabe Anwendung, daß an die Stelle des Bundesjustizministers und der Landesjustizminister die für das jeweilige Sachgebiet zuständigen Minister treten. Ihre Dienstverhältnisse sind durch besonderes Bundesgesetz zu regeln.
(3) Der Bund kann für Dienststrafverfahren gegen Bundesbeamte und Bundesrichter Bundesdienststrafgerichte errichten.

7 Artikel 96 Abs. 3 erhält durch Gesetz vom 19. 3. 1956 (BGBl. I S. 111) folgende Fassung:

Der Bund kann für Dienststrafverfahren gegen Bundesbeamte und Bundesrichter Bundesdienststrafgerichte sowie für Dienststrafverfahren gegen Soldaten und für Verfahren über Beschwerden von Soldaten Bundesdienstgerichte errichten.

12 Artikel 96 Abs. 3 wird durch Gesetz vom 6. 3. 1961 (BGBl. I S. 141) gestrichen.

16 Artikel 96 wird durch Gesetz vom 18. 6. 1968 (BGBl. I S. 657) aufgehoben.

7 Nach Artikel 96 wird durch Gesetz vom 19. 3. 1956 (BGBl. I S. 111) folgender Artikel 96 a eingefügt:

Art. 96 a (Wehrstrafgerichte)

(1) Der Bund kann Wehrstrafgerichte für die Streitkräfte als Bundesgerichte errichten. Sie können die Strafgerichtsbarkeit nur im Verteidigungsfalle sowie

über Angehörige der Streitkräfte ausüben, die in das Ausland entsandt oder an Bord von Kriegsschiffen eingeschifft sind. Das Nähere regelt ein Bundesgesetz.
(2) Die Wehrstrafgerichte gehören zum Geschäftsbereich des Bundesjustizministers. Ihre hauptamtlichen Richter müssen die Fähigkeit zum Richteramt haben.
(3) Oberes Bundesgericht für die Wehrstrafgerichte ist der Bundesgerichtshof.

12 Artikel 96 a erhält durch Gesetz vom 6. 3. 1961 (BGBl. I S. 141) folgende Fassung:

Art. 96 [a] (Bundesgerichte für Angelegenheiten des gewerblichen Rechtsschutzes, des Wehr- und Dienststrafrechts)
(1) Der Bund kann für Angelegenheiten des gewerblichen Rechtsschutzes ein Bundesgericht errichten.
(2) Der Bund kann Wehrstrafgerichte für die Streitkräfte als Bundesgerichte errichten. Sie können die Strafgerichtsbarkeit nur im Verteidigungsfalle sowie über Angehörige der Streitkräfte ausüben, die in das Ausland entsandt oder an Bord von Kriegsschiffen eingeschifft sind. Das Nähere regelt ein Bundesgesetz. Diese Gerichte gehören zum Geschäftsbereich des Bundesjustizministers. Ihre hauptamtlichen Richter müssen die Befähigung zum Richteramt haben.
(3) Oberes Bundesgericht für die in Absatz 1 und 2 genannten Gerichte ist der Bundesgerichtshof.
(4) Der Bund kann für Dienststrafverfahren gegen Bundesbeamte und Bundesrichter Bundesdienststrafgerichte sowie für Dienststrafverfahren gegen Soldaten und für Verfahren über Beschwerden von Soldaten Bundesgerichte errichten.

16 Der bisherige Artikel 96 a wird durch Gesetz vom 18. 6. 1969 (BGBl. I S. 657) Artikel 96.
In Absatz 3 werden die Worte »Oberes Bundesgericht« ersetzt durch die Worte »Oberster Gerichtshof«.

22 Artikel 96 Abs. 4 erhält durch Gesetz vom 12. 5. 1969 (BGBl. I S. 363) folgende Fassung:
(4) Der Bund kann für Personen, die zu ihm in einem öffentlich-rechtlichen Dienstverhältnis stehen, Bundesgerichte zur Entscheidung in Disziplinarverfahren und Beschwerdeverfahren errichten.

25 Artikel 96 wird durch Gesetz vom 26. 8. 1969 (BGBl. I S. 1357) folgender Absatz 5 angefügt:
(5) Für Strafverfahren auf den Gebieten des Artikels 26 Abs. 1 und des Staatsschutzes kann ein Bundesgesetz mit Zustimmung

des Bundesrates vorsehen, daß Gerichte der Länder Gerichtsbarkeit des Bundes ausüben.

Art. 97 (Richterliche Unabhängigkeit)
(1) Die Richter sind unabhängig und nur dem Gesetze unterworfen.
(2) Die hauptamtlich und planmäßig endgültig angestellten Richter können wider ihren Willen nur kraft richterlicher Entscheidung und nur aus Gründen und unter den Formen, welche die Gesetze bestimmen, vor Ablauf ihrer Amtszeit entlassen oder dauernd oder zeitweise ihres Amtes enthoben oder an eine andere Stelle oder in den Ruhestand versetzt werden. Die Gesetzgebung kann Altersgrenzen festsetzen, bei deren Erreichung auf Lebenszeit angestellte Richter in den Ruhestand treten. Bei Veränderung der Einrichtung der Gerichte oder ihrer Bezirke können Richter an ein anderes Gericht versetzt oder aus dem Amte entfernt werden, jedoch nur unter Belassung des vollen Gehaltes.

Art. 98 (Rechtsstellung der Richter)
(1) Die Rechtsstellung der Bundesrichter ist durch besonderes Bundesgesetz zu regeln.
(2) Wenn ein Bundesrichter im Amte oder außerhalb des Amtes gegen die Grundsätze des Grundgesetzes oder gegen die verfassungsmäßige Ordnung eines Landes verstößt, so kann das Bundesverfassungsgericht mit Zweidrittelmehrheit auf Antrag des Bundestages anordnen, daß der Richter in ein anderes Amt oder in den Ruhestand zu versetzen ist. Im Falle eines vorsätzlichen Verstoßes kann auf Entlassung erkannt werden.

(3) Die Rechtsstellung der Richter in den Ländern ist durch besondere Landesgesetze zu regeln. Der Bund kann Rahmenvorschriften erlassen.

(4) Die Länder können bestimmen, daß über die Anstellung der Richter in den Ländern der Landesjustizminister gemeinsam mit einem Richterwahlausschuß entscheidet.
(5) Die Länder können für Landesrichter eine Absatz 2 entsprechende Regelung treffen. Geltendes Landesverfassungsrecht bleibt unberührt. Die Entscheidung über eine Richteranklage steht dem Bundesverfassungsgericht zu.

28   *Artikel 98 Abs. 3 erhält durch Gesetz vom 18. 3. 1971 (BGBl. I S. 206) folgende Fassung:*

(3) Die Rechtsstellung der Richter in den Ländern ist durch besondere Landesgesetze zu regeln. Der Bund kann Rahmenvorschriften erlassen, soweit Artikel 74 a Abs. 4 nichts anderes bestimmt.

Art. 99 (Landesverfassungsstreitigkeiten)
Dem Bundesverfassungsgerichte kann durch Landesgesetz die Entscheidung von Verfassungsstreitigkeiten innerhalb eines Landes, den oberen Bundesgerichten für den letzten Rechtszug die Entscheidung in solchen Sachen zugewiesen werden, bei denen es sich um die Anwendung von Landesrecht handelt.

16 In Artikel 99 werden durch Gesetz vom 18. 6. 1968 (BGBl. I S. 657) die Worte »oberen Bundesgerichten« ersetzt durch die Worte »in Artikel 95 Abs. 1 genannten obersten Gerichtshöfen«.

Art. 100 (Richterliche Überprüfung von Gesetzen)
(1) Hält ein Gericht ein Gesetz, auf dessen Gültigkeit es bei der Entscheidung ankommt, für verfassungswidrig, so ist das Verfahren auszusetzen und, wenn es sich um die Verletzung der Verfassung eines Landes handelt, die Entscheidung des für Verfassungsstreitigkeiten zuständigen Gerichtes des Landes, wenn es sich um die Verletzung dieses Grundgesetzes handelt, die Entscheidung des Bundesverfassungsgerichtes einzuholen. Dies gilt auch, wenn es sich um die Verletzung dieses Grundgesetzes durch Landesrecht oder um die Unvereinbarkeit eines Landesgesetzes mit einem Bundesgesetze handelt.
(2) Ist in einem Rechtsstreite zweifelhaft, ob eine Regel des Völkerrechtes Bestandteil des Bundesrechtes ist und ob sie unmittelbar Rechte und Pflichten für den einzelnen erzeugt (Art. 25), so hat das Gericht die Entscheidung des Bundesverfassungsgerichtes einzuholen.
(3) Will das Verfassungsgericht eines Landes bei der Auslegung des Grundgesetzes von einer Entscheidung des Bundesverfassungsgerichtes oder des Verfassungsgerichtes eines anderen Landes abweichen, so hat das Verfassungsgericht die Entscheidung des Bundesverfassungsgerichtes einzuholen; will es bei der Auslegung von sonstigem Bundesrechte von der Entscheidung des Obersten Bundesgerichtes oder eines oberen Bundesgerichtes abweichen, so hat es die Entscheidung des Obersten Bundesgerichtes einzuholen.

16 *In Artikel 100 wird durch Gesetz vom 18. 6. 1968 (BGBl. I S. 657) der zweite Halbsatz des Absatzes 3 gestrichen.*

Art. 101 (Verbot von Ausnahmegerichten, gesetzlicher Richter)
(1) Ausnahmegerichte sind unzulässig. Niemand darf seinem gesetzlichen Richter entzogen werden.
(2) Gerichte für besondere Sachgebiete können nur durch Gesetz errichtet werden.

Art. 102 (Abschaffung der Todesstrafe)
Die Todesstrafe ist abgeschafft.

Art. 103 (Rechtliches Gehör, Verbot rückwirkender Strafgesetze und von Doppelbestrafung)
(1) Vor Gericht hat jedermann Anspruch auf rechtliches Gehör.
(2) Eine Tat kann nur bestraft werden, wenn die Strafbarkeit gesetzlich bestimmt war, bevor die Tat begangen wurde.
(3) Niemand darf wegen derselben Tat auf Grund der allgemeinen Strafgesetze mehrmals bestraft werden.

Art. 104 (Garantien bei Freiheitsentziehung)
(1) Die Freiheit der Person kann nur auf Grund eines förmlichen Gesetzes und nur unter Beachtung der darin vorgeschriebenen Formen beschränkt werden. Festgehaltene Personen dürfen weder seelisch noch körperlich mißhandelt werden.
(2) Über die Zulässigkeit und Fortdauer einer Freiheitsentziehung hat nur der Richter zu entscheiden. Bei jeder nicht auf richterlicher Anordnung beruhenden Freiheitsentziehung ist unverzüglich eine richterliche Entscheidung herbeizuführen. Die Polizei darf aus eigener Machtvollkommenheit niemanden länger als bis zum Ende des Tages nach dem Ergreifen in eigenem Gewahrsam halten. Das Nähere ist gesetzlich zu regeln.
(3) Jeder wegen des Verdachtes einer strafbaren Handlung vorläufig Festgenommene ist spätestens am Tage nach der Festnahme dem Richter vorzuführen, der ihm die Gründe der Festnahme mitzuteilen, ihn zu vernehmen und ihm Gelegenheit zu Einwendungen zu geben hat. Der Richter hat unverzüglich entweder einen mit Gründen versehenen schriftlichen Haftbefehl zu erlassen oder die Freilassung anzuordnen.

(4) Von jeder richterlichen Entscheidung über die Anordnung oder Fortdauer einer Freiheitsentziehung ist unverzüglich ein Angehöriger des Festgehaltenen oder eine Person seines Vertrauens zu benachrichtigen.

X. Das Finanzwesen

21 Als einleitender Artikel zu Abschnitt X wird durch Gesetz vom 12. 5. 1969 (BGBl. I S. 359) folgender Artikel 104 a eingefügt:

Art. 104 a (Aufgabenverteilung; Finanzhilfen)
(1) Der Bund und die Länder tragen gesondert die Ausgaben, die sich aus der Wahrnehmung ihrer Aufgaben ergeben, soweit dieses Grundgesetz nichts anderes bestimmt.
(2) Handeln die Länder im Auftrage des Bundes, trägt der Bund die sich daraus ergebenden Ausgaben.
(3) Bundesgesetze, die Geldleistungen gewähren und von den Ländern ausgeführt werden, können bestimmen, daß die Geldleistungen ganz oder zum Teil vom Bund getragen werden. Bestimmt das Gesetz, daß der Bund die Hälfte der Ausgaben oder mehr trägt, wird es im Auftrage des Bundes durchgeführt. Bestimmt das Gesetz, daß die Länder ein Viertel der Ausgaben oder mehr tragen, so bedarf es der Zustimmung des Bundesrates.
(4) Der Bund kann den Ländern Finanzhilfen für besonders bedeutsame Investitionen der Länder und Gemeinden (Gemeindeverbände) gewähren, die zur Abwehr einer Störung des gesamtwirtschaftlichen Gleichgewichts oder zum Ausgleich unterschiedlicher Wirtschaftskraft im Bundesgebiet oder zur Förderung des wirtschaftlichen Wachstums erforderlich sind. Das Nähere, insbesondere die Arten der zu fördernden Investitionen, wird durch Bundesgesetz, das der Zustimmung des Bundesrates bedarf, oder auf Grund des Bundeshaushaltsgesetzes durch Verwaltungsvereinbarung geregelt.
(5) Der Bund und die Länder tragen die bei ihren Behörden entstehenden Verwaltungsausgaben und haften im Verhältnis zueinander für eine ordnungsmäßige Verwaltung. Das Nähere bestimmt ein Bundesgesetz, das der Zustimmung des Bundesrates bedarf.

Art. 105 (Gesetzgebungsrecht)
(1) Der Bund hat die ausschließliche Gesetzgebung über die Zölle und Finanzmonopole.
   (2) Der Bund hat die konkurrierende Gesetzgebung über
   1. die Verbrauch- und Verkehrsteuern mit Ausnahme der Steuern mit örtlich bedingtem Wirkungskreis, insbesondere der Grunderwerbsteuer, der Wertzuwachssteuer und der Feuerschutzsteuer,
   2. die Steuern vom Einkommen, Vermögen, von Erbschaften und Schenkungen,
   3. die Realsteuern mit Ausnahme der Festsetzung der Hebesätze,
   wenn er die Steuern ganz oder zum Teil zur Deckung der Bundesausgaben in Anspruch nimmt oder die Voraussetzungen des Artikels 72 Abs. 2 vorliegen.
(3) Bundesgesetze über Steuern, deren Aufkommen den Ländern oder den Gemeinden (Gemeindeverbänden) ganz oder zum Teil zufließt, bedürfen der Zustimmung des Bundesrates.

21 Art. 105 wird durch Gesetz vom 12. 5. 1969 (BGBl. I S. 359) wie folgt geändert:
Absatz 2 erhält folgende Fassung:
(2) Der Bund hat die konkurrierende Gesetzgebung über die übrigen Steuern, wenn ihm das Aufkommen dieser Steuern ganz oder zum Teil zusteht oder die Voraussetzungen des Artikels 72 Abs. 2 vorliegen.
Nach Absatz 2 wird folgender Absatz 2 a eingefügt:
(2 a) Die Länder haben die Befugnis zur Gesetzgebung über die örtlichen Verbrauch- und Aufwandsteuern, solange und soweit sie nicht bundesgesetzlich geregelten Steuern gleichartig sind.

Art. 106 (Verteilung des Steueraufkommens)
   (1) Die Zölle, der Ertrag der Monopole, die Verbrauchsteuern mit Ausnahme der Biersteuer, die Beförderungsteuer, die Umsatzsteuer und einmaligen Zwecken dienenden Vermögensabgaben fließen dem Bunde zu.
   (2) Die Biersteuer, die Verkehrsteuern mit Ausnahme der Beförderungsteuer und der Umsatzsteuer, die Einkommen- und Körperschaftsteuer, die Vermögensteuer, die Erbschaftsteuer, die Realsteuern und die Steuern mit örtlich bedingtem Wirkungskreis fließen den Ländern und nach Maßgabe der Landesgesetzgebung den Gemeinden (Gemeindeverbänden) zu.
   (3) Der Bund kann durch Bundesgesetz, das der Zustimmung des Bundesrates bedarf, einen Teil der Einkommen- und Körperschaftsteuer zur Deckung seiner durch andere Einkünfte nicht gedeckten Ausgaben, insbesondere zur Deckung von Zuschüssen, welche Ländern zur Deckung von Ausgaben auf dem Gebiete des Schulwesens, des Gesundheitswesens und des Wohlfahrtswesens zu gewähren sind, in Anspruch nehmen.
   (4) Um die Leistungsfähigkeit auch der steuerschwachen Länder zu sichern und eine unterschiedliche Belastung der Länder mit Ausgaben auszugleichen, kann

der Bund Zuschüsse gewähren und die Mittel hierfür bestimmten, den Ländern zufließenden Steuern entnehmen. Durch Bundesgesetz, welches der Zustimmung des Bundesrates bedarf, wird bestimmt, welche Steuern hierbei herangezogen werden und mit welchen Beträgen und nach welchem Schlüssel die Zuschüsse an die ausgleichsberechtigten Länder verteilt werden; die Zuschüsse sind den Ländern unmittelbar zu überweisen.

6 Artikel 106 erhält durch Gesetz vom 23. 12. 1955 (BGBl. I S. 817) folgende Fassung:

(1) Der Ertrag der Finanzmonopole und das Aufkommen der folgenden Steuern stehen dem Bund zu:
1. die Zölle,
2. die Verbrauchsteuern, soweit sie nicht nach Absatz 2 den Ländern zustehen,
3. die Umsatzsteuer,
4. die Beförderungsteuer,
5. die einmaligen Vermögensabgaben und die zur Durchführung des Lastenausgleichs erhobenen Ausgleichsabgaben,
6. die Abgabe »Notopfer Berlin«,
7. die Ergänzungsabgabe zur Einkommensteuer und zur Körperschaftsteuer.

(2) Das Aufkommen der folgenden Steuern steht den Ländern zu:
1. die Vermögensteuer,
2. die Erbschaftsteuer,
3. die Kraftfahrzeugsteuer,
4. die Verkehrsteuern, soweit sie nicht nach Absatz 1 dem Bund zustehen,
5. die Biersteuer,
6. die Abgaben von Spielbanken,
7. die Realsteuern,
8. die Steuern mit örtlich bedingtem Wirkungskreis.

(3) Vom Aufkommen der Einkommensteuer und der Körperschaftsteuer stehen bis 31. März 1958 $33\frac{1}{3}$ vom Hundert dem Bund und $66\frac{2}{3}$ vom Hundert den Ländern,
ab 1. April 1958 35 vom Hundert dem Bund und 65 vom Hundert den Ländern zu.

(4) Durch Bundesgesetz, das der Zustimmung des Bundesrates bedarf, soll das Beteiligungsverhältnis an der Einkommensteuer und der Körperschaftsteuer (Absatz 3) geändert werden, wenn sich das Verhältnis zwischen den Einnahmen und Ausgaben des Bundes und das Verhältnis zwischen den Einnahmen und Ausgaben der Länder unterschiedlich entwickeln und in der Haushaltswirtschaft des Bundes oder der Länder ein so erheblicher Fehlbedarf entsteht, daß eine entsprechende Berichtigung des Beteiligungsverhältnisses zugunsten des Bundes oder zugunsten der Länder geboten ist. Hierbei ist von den folgenden Grundsätzen auszugehen:
1. Der Bund und die Länder tragen gesondert die Ausgaben, die sich aus der Wahrnehmung ihrer Aufgaben ergeben; Artikel 120 Abs. 1 bleibt unberührt.
2. Im Rahmen der ordentlichen Einnahmen haben der Bund und die Länder gleichmäßig Anspruch auf Deckung ihrer notwendigen Ausgaben.
3. Die Deckungsbedürfnisse des Bundes und der Länder sind so aufeinander abzustimmen, daß ein billiger Ausgleich erzielt, eine Überbelastung der Steuerpflichtigen vermieden und die Einheitlichkeit der Lebensverhältnisse im Bundesgebiet gewahrt wird.

Das Beteiligungsverhältnis kann erstmals mit Wirkung vom 1. April 1958, im übrigen jeweils frühestens zwei Jahre nach dem Inkrafttreten des Gesetzes, welches das Beteiligungsverhältnis zuletzt bestimmt hat, geändert werden; dies gilt nicht für eine Änderung des Beteiligungsverhältnisses nach Absatz 5.

(5) Werden den Ländern durch Bundesgesetz zusätzliche Ausgaben auferlegt oder Einnahmen entzogen, ist das Beteiligungsverhältnis an der Einkommensteuer und der Körperschaftsteuer zugunsten der Länder zu ändern, wenn der Tatbestand des Absatzes 4 gegeben ist. Ist die Mehrbelastung der Länder auf einen kurzen Zeitraum begrenzt, kann sie durch Bundesgesetz, das der Zustimmung des Bundesrates bedarf, auch mit Finanzzuweisungen des Bundes ausgeglichen werden; in dem Gesetz sind die Grundsätze für die Bemessung dieser Finanzzuweisungen und für ihre Verteilung auf die Länder zu bestimmen.

(6) Als Einnahmen und Ausgaben der Länder im Sinne dieses Artikels gelten auch die Einnahmen und Ausgaben der Gemeinden (Gemeindeverbände). Die Landesgesetzgebung bestimmt, ob und inwieweit das Aufkommen der Landessteuern den Gemeinden (Gemeindeverbänden) zufließt.

8 Artikel 106 wird durch Gesetz vom 24. 12. 1956 (BGBl. I S. 1077) wie folgt geändert und ergänzt:

In Absatz 2 werden die Worte »7. die Realsteuern« gestrichen; Nummer 8 wird Nummer 7.

Hinter Absatz 5 werden die folgenden neuen Absätze eingefügt:

(6) Das Aufkommen der Realsteuern steht den Gemeinden zu. Bestehen in einem Lande keine Gemeinden, so steht das Aufkommen dem Lande zu. Nach Maßgabe der Landesgesetzgebung können die Realsteuern als Bemessungsgrundlage für Umlagen und Zuschläge zugrunde gelegt werden. Von dem Länderanteil an der Einkommensteuer und der Körperschaftsteuer fließt den Gemeinden und Gemeindeverbänden insgesamt ein von der Landesgesetzgebung zu bestimmender Hundertsatz zu. Im übrigen bestimmt die Landesgesetzgebung, ob und inwieweit das Aufkommen der Landessteuern den Gemeinden (Gemeindeverbänden) zufließt.

(7) Veranlaßt der Bund in einzelnen Ländern oder Gemeinden (Gemeindeverbänden) besondere Einrichtungen, die diesen Ländern oder Gemeinden (Gemeindeverbänden) unmittelbar Mehrausgaben oder Mindereinnahmen (Sonderbelastungen) verursachen, wird der Bund den erforderlichen Ausgleich gewähren, wenn und soweit den Ländern oder Gemeinden (Gemeindeverbänden) nicht zugemutet werden kann, die Sonderbelastung zu tragen. Entschädigungsleistungen Dritter und finanzielle Vorteile, die diesen Ländern oder Gemeinden (Gemeindeverbänden) als Folge der Einrichtungen erwachsen, werden bei dem Ausgleich berücksichtigt.

Satz 1 das bisherigen Absatzes 6 wird Absatz 8; Satz 2 wird gestrichen.

21 Artikel 106 erhält durch Gesetz vom 12. 5. 1969 (BGBl. I S. 359) folgende Fassung:

(1) Der Ertrag der Finanzmonopole und das Aufkommen der folgenden Steuern stehen dem Bund zu:

1. die Zölle,
2. die Verbrauchsteuern, soweit sie nicht nach Absatz 2 den Ländern, nach Absatz 3 Bund und Ländern gemeinsam oder nach Absatz 6 den Gemeinden zustehen,
3. die Straßengüterverkehrsteuer,
4. die Kapitalverkehrsteuern, die Versicherungsteuer und die Wechselsteuer,
5. die einmaligen Vermögensabgaben und die zur Durchführung des Lastenausgleichs erhobenen Ausgleichsabgaben,
6. die Ergänzungsabgabe zur Einkommensteuer und zur Körperschaftsteuer,
7. Abgaben im Rahmen der Europäischen Gemeinschaften.

(2) Das Aufkommen der folgenden Steuern steht den Ländern zu:
1. die Vermögensteuer,
2. die Erbschaftsteuer,
3. die Kraftfahrzeugsteuer,
4. die Verkehrsteuern, soweit sie nicht nach Absatz 1 dem Bund oder nach Absatz 3 Bund und Ländern gemeinsam zustehen,
5. die Biersteuer,
6. die Abgaben von Spielbanken.

(3) Das Aufkommen der Einkommensteuer, der Körperschaftsteuer und der Umsatzsteuer steht dem Bund und den Ländern gemeinsam zu (Gemeinschaftsteuern), soweit das Aufkommen der Einkommensteuer nicht nach Absatz 5 den Gemeinden zugewiesen wird. Am Aufkommen der Einkommensteuer und der Körperschaftsteuer sind der Bund und die Länder je zur Hälfte beteiligt. Die Anteile von Bund und Ländern an der Umsatzsteuer werden durch Bundesgesetz, das der Zustimmung des Bundesrates bedarf, festgesetzt. Bei der Festsetzung ist von folgenden Grundsätzen auszugehen:

1. Im Rahmen der laufenden Einnahmen haben der Bund und die Länder gleichmäßig Anspruch auf Deckung ihrer notwendigen Ausgaben. Dabei ist der Umfang der Ausgaben unter Berücksichtigung einer mehrjährigen Finanzplanung zu ermitteln.
2. Die Deckungsbedürfnisse des Bundes und der Länder sind so aufeinander abzustimmen, daß ein billiger Ausgleich erzielt, eine Überbelastung der Steuerpflichtigen vermieden und die Einheitlichkeit der Lebensverhältnisse im Bundesgebiet gewahrt wird.

(4) Die Anteile von Bund und Ländern an der Umsatzsteuer sind neu festzusetzen, wenn sich das Verhältnis zwischen den Einnahmen und Ausgaben des Bundes und der Länder wesentlich anders entwickelt. Werden den Ländern durch Bundesgesetz zusätzliche Ausgaben auferlegt oder Einnahmen entzogen, so kann die Mehrbelastung durch Bundesgesetz, das der Zustimmung des Bundesrates bedarf, auch mit Finanzzuweisungen des Bundes ausgeglichen werden, wenn sie auf einen kurzen Zeitraum begrenzt ist. In dem Gesetz sind die Grundsätze für die Bemessung dieser Finanzzuweisungen und für ihre Verteilung auf die Länder zu bestimmen.
(5) Die Gemeinden erhalten einen Anteil an dem Aufkommen der Einkommensteuer, der von den Ländern an ihre Gemeinden auf der Grundlage der Einkommensteuerleistungen ihrer Einwohner weiterzuleiten ist. Das Nähere bestimmt ein Bundesgesetz, das der Zustimmung des Bundesrates bedarf. Es kann bestimmen, daß die Gemeinden Hebesätze für den Gemeindeanteil festsetzen.
(6) Das Aufkommen der Realsteuern steht den Gemeinden, das Aufkommen der örtlichen Verbrauch- und Aufwandsteuern steht den Gemeinden oder nach Maßgabe der Landesgesetzgebung den Gemeindeverbänden zu. Den Gemeinden ist das Recht einzuräumen, die Hebesätze der Realsteuern im Rahmen der Gesetze festzusetzen. Bestehen in einem Land keine Gemeinden, so steht das Aufkommen der Realsteuern und der örtlichen Verbrauch- und Aufwandsteuern dem Land zu. Bund und Länder können durch eine Umlage an dem Aufkommen der Gewerbesteuer beteiligt werden. Das Nähere über die Umlage bestimmt ein Bundesgesetz, das der Zustimmung des Bundesrates bedarf. Nach Maßgabe der Landesgesetzgebung können die Realsteuern und der Gemeindeanteil vom Aufkommen der Einkommensteuer als Bemessungsgrundlagen für Umlagen zugrunde gelegt werden.
(7) Von dem Länderanteil am Gesamtaufkommen der Gemeinschaftssteuern fließt den Gemeinden und Gemeindeverbänden insgesamt ein von der Landesgesetzgebung zu bestimmender Hundertsatz zu. Im übrigen bestimmt die Landesgesetzgebung, ob und inwieweit das Aufkommen der Landessteuern den Gemeinden (Gemeindeverbänden) zufließt.
(8) Veranlaßt der Bund in einzelnen Ländern oder Gemeinden (Gemeindeverbänden) besondere Einrichtungen, die diesen Ländern oder Gemeinden (Gemeindeverbänden) unmittelbar Mehrausgaben oder Mindereinnahmen (Sonderbelastungen) verursa-

chen, gewährt der Bund den erforderlichen Ausgleich, wenn und soweit den Ländern oder Gemeinden (Gemeindeverbänden) nicht zugemutet werden kann, die Sonderbelastungen zu tragen. Entschädigungsleistungen Dritter und finanzielle Vorteile, die diesen Ländern oder Gemeinden (Gemeindeverbänden) als Folge der Einrichtungen erwachsen, werden bei dem Ausgleich berücksichtigt.
(9) Als Einnahmen und Ausgaben der Länder im Sinne dieses Artikels gelten auch die Einnahmen und Ausgaben der Gemeinden (Gemeindeverbände).

Art. 107 (Verteilung der Landessteuern, Länderfinanzausgleich)

Die endgültige Verteilung der der konkurrierenden Gesetzgebung unterliegenden Steuern auf Bund und Länder soll spätestens bis zum 31. Dezember 1952 erfolgen, und zwar durch Bundesgesetz, das der Zustimmung des Bundesrates bedarf. Dies gilt nicht für die Realsteuern und die Steuern mit örtlich bedingtem Wirkungskreis. Hierbei ist jedem Teil ein gesetzlicher Anspruch auf bestimmte Steuern oder Steueranteile entsprechend seinen Aufgaben einzuräumen.

3 In Artikel 107 Satz 1 wird durch Gesetz vom 20. 4. 1953 (BGBl. I S. 130) die Jahreszahl »1952« durch die Jahreszahl »1954« ersetzt.

5 In Artikel 107 Satz 1 wird durch Gesetz vom 25. 12. 1954 (BGBl. I S. 517) die Jahreszahl »1954« durch die Jahreszahl »1955« ersetzt.

6 Artikel 107 erhält durch Gesetz vom 23. 12. 1955 (BGBl. I S. 817) folgende Fassung:

(1) Das Aufkommen der Landessteuern steht den einzelnen Ländern insoweit zu, als die Steuern von den Finanzbehörden in ihrem Gebiet vereinnahmt werden (örtliches Aufkommen). Durch Bundesgesetz, das der Zustimmung des Bundesrates bedarf, können nähere Bestimmungen über die Abgrenzung und Zerlegung des örtlichen Aufkommens einzelner Steuern (Steueranteile) getroffen werden.
(2) Durch Bundesgesetz, das der Zustimmung des Bundesrates bedarf, ist ein angemessener finanzieller Ausgleich zwischen leistungsfähigen und leistungsschwachen Ländern sicherzustellen; hierbei sind die Finanzkraft und der Finanzbedarf der Gemeinden (Gemeindeverbände) zu berücksichtigen. Dieses Gesetz bestimmt, daß aus Beiträgen leistungsfähiger Länder (Ausgleichsbeiträgen) leistungsschwachen Ländern Ausgleichszuweisungen gewährt werden; in dem Gesetz sind die Voraussetzungen für die Ausgleichsansprüche und die Ausgleichsverbindlichkeiten sowie die Maßstäbe für die Höhe der Ausgleichsleistungen zu bestimmen. Das Gesetz kann auch bestimmen, daß der Bund aus seinen Mitteln leistungsschwachen Ländern Zuweisungen zur ergänzenden Deckung ihres allgemeinen Finanzbedarfs (Ergänzungszuweisungen) gewährt.

21 Artikel 107 erhält durch Gesetz vom 12. 5. 1969 (BGBl. I S. 359) folgende Fassung:
(1) Das Aufkommen der Landessteuern und der Länderanteil am Aufkommen der Einkommensteuer und der Körperschaftsteuer stehen den einzelnen Ländern insoweit zu, als die Steuern von den Finanzbehörden in ihrem Gebiet vereinnahmt werden (örtliches Aufkommen). Durch Bundesgesetz, das der Zustimmung des Bundesrates bedarf, sind für die Körperschaftsteuer und die Lohnsteuer nähere Bestimmungen über die Abgrenzung sowie über Art und Umfang der Zerlegung des örtlichen Aufkommens zu treffen. Das Gesetz kann auch Bestimmungen über die Abgrenzung und Zerlegung des örtlichen Aufkommens anderer Steuern treffen. Der Länderanteil am Aufkommen der Umsatzsteuer steht den einzelnen Ländern nach Maßgabe ihrer Einwohnerzahl zu; für einen Teil, höchstens jedoch für ein Viertel dieses Länderanteils, können durch Bundesgesetz, das der Zustimmung des Bundesrates bedarf, Ergänzungsanteile für die Länder vorgesehen werden, deren Einnahmen aus den Landessteuern und aus der Einkommensteuer und der Körperschaftsteuer je Einwohner unter dem Durchschnitt der Länder liegen.
(2) Durch das Gesetz ist sicherzustellen, daß die unterschiedliche Finanzkraft der Länder angemessen ausgeglichen wird; hierbei sind die Finanzkraft und der Finanzbedarf der Gemeinden (Gemeindeverbände) zu berücksichtigen. Die Voraussetzungen für die Ausgleichsansprüche der ausgleichsberechtigten Länder und für die Ausgleichsverbindlichkeiten der ausgleichspflichtigen Länder sowie die Maßstäbe für die Höhe der Ausgleichsleistungen sind in dem Gesetz zu bestimmen. Es kann auch bestimmen, daß der Bund aus seinen Mitteln leistungsschwachen Ländern Zuweisungen zur ergänzenden Deckung ihres allgemeinen Finanzbedarfs (Ergänzungszuweisungen) gewährt.

Art. 108 (Finanzverwaltung)

(1) Zölle, Finanzmonopole, die der konkurrierenden Gesetzgebung unterworfenen Verbrauchsteuern, die Beförderungsteuer, die Umsatzsteuer und die einmaligen Vermögensabgaben werden durch Bundesfinanzbehörden verwaltet. Der Aufbau dieser Behörden und das von ihnen anzuwendende Verfahren werden durch Bundesgesetz geregelt. Die Leiter der Mittelbehörden sind im Benehmen mit den Landesregierungen zu bestellen. Der Bund kann die Verwaltung der einmaligen Vermögensabgaben den Landesfinanzbehörden als Auftragsverwaltung übertragen.

(2) Nimmt der Bund einen Teil der Einkommen- und Körperschaftsteuer für sich in Anspruch, so steht ihm insoweit die Verwaltung zu; er kann sie aber den Landesfinanzbehörden als Auftragsverwaltung übertragen.
(3) Die übrigen Steuern werden durch Landesfinanzbehörden verwaltet. Der Bund kann durch Bundesgesetz, das der Zustimmung des Bundesrates bedarf, den Aufbau dieser Behörden und das von ihnen anzuwendende Verfahren und die einheitliche Ausbildung der Beamten regeln. Die Leiter der Mittelbehörden sind im Einvernehmen mit der Bundesregierung zu bestellen. Die Verwaltung der den Gemeinden (Gemeindeverbänden) zufließenden Steuern kann durch die Länder ganz oder zum Teil den Gemeinden (Gemeindeverbänden) übertragen werden.
(4) Soweit die Steuern dem Bunde zufließen, werden die Landesfinanzbehörden im Auftrage des Bundes tätig. Die Länder haften mit ihren Einkünften für eine ordnungsmäßige Verwaltung dieser Steuern; der Bundesfinanzminister kann die ordnungsmäßige Verwaltung durch Bundesbevollmächtigte überwachen, welche gegenüber den Mittel- und Unterbehörden ein Weisungsrecht haben.
(5) Die Finanzgerichtsbarkeit wird durch Bundesgesetz einheitlich geregelt.
(6) Die allgemeinen Verwaltungsvorschriften werden durch die Bundesregierung erlassen, und zwar mit Zustimmung des Bundesrates, soweit die Verwaltung den Landesfinanzbehörden obliegt.

21 Artikel 108 erhält durch Gesetz vom 12. 5. 1969 (BGBl. I S. 359) folgende Fassung:
(1) Zölle, Finanzmonopole, die bundesgesetzlich geregelten Verbrauchsteuern einschließlich der Einfuhrumsatzsteuer und die Abgaben im Rahmen der Europäischen Gemeinschaften werden durch Bundesfinanzbehörden verwaltet. Der Aufbau dieser Behörden wird durch Bundesgesetz geregelt. Die Leiter der Mittelbehörden sind im Benehmen mit den Landesregierungen zu bestellen.
(2) Die übrigen Steuern werden durch Landesfinanzbehörden verwaltet. Der Aufbau dieser Behörden und die einheitliche Ausbildung der Beamten können durch Bundesgesetz mit Zustimmung des Bundesrates geregelt werden. Die Leiter der Mittelbehörden sind im Einvernehmen mit der Bundesregierung zu bestellen.
(3) Verwalten die Landesfinanzbehörden Steuern, die ganz oder zum Teil dem Bund zufließen, so werden sie im Auftrage des Bundes tätig. Artikel 85 Abs. 3 und 4 gilt mit der Maßgabe, daß an die Stelle der Bundesregierung der Bundesminister der Finanzen tritt.
(4) Durch Bundesgesetz, das der Zustimmung des Bundesrates bedarf, kann bei der Verwaltung von Steuern ein Zusammenwirken von Bundes- und Landesfinanzbehörden sowie für Steuern,

die unter Absatz 1 fallen, die Verwaltung durch Landesfinanzbehörden und für andere Steuern die Verwaltung durch Bundesfinanzbehörden vorgesehen werden, wenn und soweit dadurch der Vollzug der Steuergesetze erheblich verbessert oder erleichtert wird. Für die den Gemeinden (Gemeindeverbänden) allein zufließenden Steuern kann die den Landesfinanzbehörden zustehende Verwaltung durch die Länder ganz oder zum Teil den Gemeinden (Gemeindeverbänden) übertragen werden.
(5) Das von den Bundesfinanzbehörden anzuwendende Verfahren wird durch Bundesgesetz geregelt. Das von den Landesfinanzbehörden und in den Fällen des Absatzes 4 Satz 2 von den Gemeinden (Gemeindeverbänden) anzuwendende Verfahren kann durch Bundesgesetz mit Zustimmung des Bundesrates geregelt werden.
(6) Die Finanzgerichtsbarkeit wird durch Bundesgesetz einheitlich geregelt.
(7) Die Bundesregierung kann allgemeine Verwaltungsvorschriften erlassen, und zwar mit Zustimmung des Bundesrates, soweit die Verwaltung den Landesfinanzbehörden oder Gemeinden (Gemeindeverbänden) obliegt.

Art. 109 (Haushaltsgrundsätze von Bund und Ländern)
Bund und Länder sind in ihrer Haushaltswirtschaft selbständig und voneinander unabhängig.

15 Artikel 109 erhält durch Gesetz vom 8. 6. 1967 (BGBl. I S. 581) folgende Fassung:
(1) Bund und Länder sind in ihrer Haushaltswirtschaft selbständig und voneinander unabhängig.
(2) Bund und Länder haben bei ihrer Haushaltswirtschaft den Erfordernissen des gesamtwirtschaftlichen Gleichgewichts Rechnung zu tragen.
(3) Durch Bundesgesetz, das der Zustimmung des Bundesrates bedarf, können Grundsätze für eine konjunkturgerechte Haushaltswirtschaft und für eine mehrjährige Finanzplanung aufgestellt werden.
(4) Zur Abwehr einer Störung des gesamtwirtschaftlichen Gleichgewichts können durch Bundesgesetz, das der Zustimmung des Bundesrates bedarf, Vorschriften über
1. Höchstbeträge, Bedingungen und Zeitfolge der Aufnahme von Krediten durch Gebietskörperschaften und Zweckverbände und
2. eine Verpflichtung von Bund und Ländern, unverzinsliche

Guthaben bei der Deutschen Bundesbank zu unterhalten (Konjunkturausgleichsrücklagen),
erlassen werden. Ermächtigungen zum Erlaß von Rechtsverordnungen können nur der Bundesregierung erteilt werden. Die Rechtsverordnungen bedürfen der Zustimmung des Bundesrates. Sie sind aufzuheben, soweit der Bundestag es verlangt; das Nähere bestimmt das Bundesgesetz.

20 Artikel 109 Abs. 3 erhält durch Gesetz vom 12. 5. 1969 (BGBl. I S. 357) folgende Fassung:
(3) Durch Bundesgesetz, das der Zustimmung des Bundesrates bedarf, können für Bund und Länder gemeinsam geltende Grundsätze für das Haushaltsrecht, für eine konjunkturgerechte Haushaltswirtschaft und für eine mehrjährige Finanzplanung aufgestellt werden.

Art. 110 (Bundeshaushaltsplan)

(1) Alle Einnahmen und Ausgaben des Bundes müssen für jedes Rechnungsjahr veranschlagt und in den Haushaltsplan eingesetzt werden.

(2) Der Haushaltsplan wird vor Beginn des Rechnungsjahres durch Gesetz festgestellt. Er ist in Einnahme und Ausgabe auszugleichen. Die Ausgaben werden in der Regel für ein Jahr bewilligt; sie können in besonderen Fällen auch für einen längeren Zeitraum bewilligt werden. Im übrigen dürfen in das Bundeshaushaltsgesetz keine Vorschriften aufgenommen werden, die über das Rechnungsjahr hinausgehen oder sich nicht auf die Einnahmen und Ausgaben des Bundes oder seiner Verwaltung beziehen.

(3) Das Vermögen und die Schulden sind in einer Anlage des Haushaltsplanes nachzuweisen.

(4) Bei kaufmännisch eingerichteten Betrieben des Bundes brauchen nicht die einzelnen Einnahmen und Ausgaben, sondern nur das Endergebnis in den Haushaltsplan eingestellt zu werden.

20 Artikel 110 erhält durch Gesetz vom 12. 5. 1969 (BGBl. I S. 357) folgende Fassung:
(1) Alle Einnahmen und Ausgaben des Bundes sind in den Haushaltsplan einzustellen; bei Bundesbetrieben und bei Sondervermögen brauchen nur die Zuführungen oder die Ablieferungen eingestellt zu werden. Der Haushaltsplan ist in Einnahme und Ausgabe auszugleichen.
(2) Der Haushaltsplan wird für ein oder mehrere Rechnungsjahre, nach Jahren getrennt, vor Beginn des ersten Rechnungsjahres durch das Haushaltsgesetz festgestellt. Für Teile des Haushaltsplanes kann vorgesehen werden, daß sie für unterschiedliche Zeiträume, nach Rechnungsjahren getrennt, gelten.

(3) Die Gesetzesvorlage nach Absatz 2 Satz 1 sowie Vorlagen zur Änderung des Haushaltsgesetzes und des Haushaltsplanes werden gleichzeitig mit der Zuleitung an den Bundesrat beim Bundestage eingebracht; der Bundesrat ist berechtigt, innerhalb von sechs Wochen, bei Änderungsvorlagen innerhalb von drei Wochen, zu den Vorlagen Stellung zu nehmen.

(4) In das Haushaltsgesetz dürfen nur Vorschriften aufgenommen werden, die sich auf die Einnahmen und die Ausgaben des Bundes und auf den Zeitraum beziehen, für den das Haushaltsgesetz beschlossen wird. Das Haushaltsgesetz kann vorschreiben, daß die Vorschriften erst mit der Verkündung des nächsten Haushaltsgesetzes oder bei Ermächtigung nach Artikel 115 zu einem späteren Zeitpunkt außer Kraft treten.

Art. 111 (Ausgaben vor Haushaltsgenehmigung)

(1) Ist bis zum Schluß eines Rechnungsjahres der Haushaltsplan für das folgende Jahr nicht durch Gesetz festgestellt, so ist bis zu seinem Inkrafttreten die Bundesregierung ermächtigt, alle Ausgaben zu leisten, die nötig sind,
a) um gesetzlich bestehende Einrichtungen zu erhalten und gesetzlich beschlossene Maßnahmen durchzuführen,
b) um die rechtlich begründeten Verpflichtungen des Bundes zu erfüllen,
c) um Bauten, Beschaffungen und sonstige Leistungen fortzusetzen oder Beihilfen für diese Zwecke weiter zu gewähren, sofern durch den Haushaltsplan eines Vorjahres bereits Beträge bewilligt worden sind.

(2) Soweit nicht auf besonderem Gesetze beruhende Einnahmen aus Steuern, Abgaben und sonstigen Quellen oder die Betriebsmittelrücklage die Ausgaben unter Absatz 1 decken, darf die Bundesregierung die zur Aufrechterhaltung der Wirtschaftsführung erforderlichen Mittel bis zur Höhe eines Viertels der Endsumme des abgelaufenen Haushaltsplanes im Wege des Kredits flüssig machen.

Art. 112 (Überplanmäßige und außerplanmäßige Ausgaben)

Haushaltsüberschreitungen und außerplanmäßige Ausgaben bedürfen der Zustimmung des Bundesministers der Finanzen. Sie darf nur im Falle eines unvorhergesehenen und unabweisbaren Bedürfnisses erteilt werden.

20 Artikel 112 erhält durch Gesetz vom 12. 5. 1969 (BGBl. I S. 357) folgende Fassung:

Überplanmäßige und außerplanmäßige Ausgaben bedürfen der Zustimmung des Bundesministers der Finanzen. Sie darf nur im Falle eines unvorhergesehenen und unabweisbaren Bedürfnisses erteilt werden. Näheres kann durch Bundesgesetz bestimmt werden.

Art. 113 (Ausgabenerhöhungen durch Bundestag u. Bundesrat)

Beschlüsse des Bundestages und des Bundesrates, welche die von der Bundesregierung vorgeschlagenen Ausgaben des Haushaltsplanes erhöhen oder neue Ausgaben in sich schließen oder für die Zukunft mit sich bringen, bedürfen der Zustimmung der Bundesregierung.

20 Artikel 113 erhält durch Gesetz vom 12. 5. 1969 (BGBl. I S. 357) folgende Fassung:
(1) Gesetze, welche die von der Bundesregierung vorgeschlagenen Ausgaben des Haushaltsplanes erhöhen oder neue Ausgaben in sich schließen oder für die Zukunft mit sich bringen, bedürfen der Zustimmung der Bundesregierung. Das gleiche gilt für Gesetze, die Einnahmeminderungen in sich schließen oder für die Zukunft mit sich bringen. Die Bundesregierung kann verlangen, daß der Bundestag die Beschlußfassung über solche Gesetze aussetzt. In diesem Fall hat die Bundesregierung innerhalb von sechs Wochen dem Bundestage eine Stellungnahme zuzuleiten.
(2) Die Bundesregierung kann innerhalb von vier Wochen nachdem der Bundestag das Gesetz beschlossen hat, verlangen, daß der Bundestag erneut Beschluß faßt.
(3) Ist das Gesetz nach Artikel 78 zustande gekommen, kann die Bundesregierung ihre Zustimmung nur innerhalb von sechs Wochen und nur dann versagen, wenn sie vorher das Verfahren nach Absatz 1 Satz 3 und 4 oder nach Absatz 2 eingeleitet hat. Nach Ablauf dieser Frist gilt die Zustimmung als erteilt.

Art. 114 (Rechnungslegung, Bundesrechnungshof)

(1) Der Bundesminister der Finanzen hat dem Bundestage und dem Bundesrate über alle Einnahmen und Ausgaben sowie über das Vermögen und die Schulden jährlich Rechnung zu legen.
(2) Die Rechnung wird durch einen Rechnungshof, dessen Mitglieder richterliche Unabhängigkeit besitzen, geprüft. Die allgemeine Rechnung und eine Übersicht über das Vermögen und die Schulden sind dem Bundestage und dem Bundesrate im Laufe des nächsten Rechnungsjahres mit den Bemerkungen des Rechnungshofes zur Entlastung der Bundesregierung vorzulegen. Die Rechnungsprüfung wird durch Bundesgesetz geregelt.

20 Artikel 114 erhält durch Gesetz vom 12. 5. 1969 (BGBl. I S. 357) folgende Fassung:
(1) Der Bundesminister der Finanzen hat dem Bundestage und dem Bundesrate über alle Einnahmen und Ausgaben sowie über das Vermögen und die Schulden im Laufe des nächsten Rechnungsjahres zur Entlastung der Bundesregierung Rechnung zu legen.
(2) Der Bundesrechnungshof, dessen Mitglieder richterliche Unabhängigkeit besitzen, prüft die Rechnung sowie die Wirtschaftlichkeit und Ordnungsmäßigkeit der Haushalts- und Wirtschaftsführung. Er hat außer der Bundesregierung unmittelbar dem Bundestage und dem Bundesrate jährlich zu berichten. Im übrigen werden die Befugnisse des Bundesrechnungshofes durch Bundesgesetz geregelt.

Art. 115 (Kreditaufnahme)

Im Wege des Kredites dürfen Geldmittel nur bei außerordentlichem Bedarf und in der Regel nur für Ausgaben zu werbenden Zwecken und nur auf Grund eines Bundesgesetzes beschafft werden. Kreditgewährungen und Sicherheitsleistungen zu Lasten des Bundes, deren Wirkung über ein Rechnungsjahr hinausgeht, dürfen nur auf Grund eines Bundesgesetzes erfolgen. In dem Gesetz muß die Höhe des Kredites oder der Umfang der Verpflichtung, für die der Bund die Haftung übernimmt, bestimmt sein.

20 Artikel 115 erhält durch Gesetz vom 12. 5. 1969 (BGBl. I S. 357) folgende Fassung:
(1) Die Aufnahme von Krediten sowie die Übernahme von Bürgschaften, Garantien oder sonstigen Gewährleistungen, die zu Ausgaben in künftigen Rechnungsjahren führen können, bedürfen einer der Höhe nach bestimmten oder bestimmbaren Ermächtigung durch Bundesgesetz. Die Einnahmen aus Krediten dürfen die Summe der im Haushaltsplan veranschlagten Ausgaben für Investitionen nicht überschreiten; Ausnahmen sind nur zulässig zur Abwehr einer Störung des gesamtwirtschaftlichen Gleichgewichts. Das Nähere wird durch Bundesgesetz geregelt.
(2) Für Sondervermögen des Bundes können durch Bundesgesetz Ausnahmen von Absatz 1 zugelassen werden.

17 Nach Artikel 115 wird durch Gesetz vom 24. 6. 1968 (BGBl. I S. 709) folgender Abschnitt X a eingefügt:

X a. Verteidigungsfall

Art. 115 a (Feststellung des Verteidigungsfalles)
(1) Die Feststellung, daß das Bundesgebiet mit Waffengewalt angegriffen wird oder ein solcher Angriff unmittelbar droht (Verteidigungsfall), trifft der Bundestag mit Zustimmung des Bundesrates. Die Feststellung erfolgt auf Antrag der Bundesregierung und bedarf einer Mehrheit von zwei Dritteln der abgegebenen Stimmen, mindestens der Mehrheit der Mitglieder des Bundestages.
(2) Erfordert die Lage unabweisbar ein sofortiges Handeln und stehen einem rechtzeitigen Zusammentritt des Bundestages unüberwindliche Hindernisse entgegen oder ist er nicht beschlußfähig, so trifft der Gemeinsame Ausschuß diese Feststellung mit einer Mehrheit von zwei Dritteln der abgegebenen Stimmen, mindestens der Mehrheit seiner Mitglieder.
(3) Die Feststellung wird vom Bundespräsidenten gemäß Artikel 82 im Bundesgesetzblatte verkündet. Ist dies nicht rechtzeitig möglich, so erfolgt die Verkündung in anderer Weise; sie ist im Bundesgesetzblatte nachzuholen, sobald die Umstände es zulassen.
(4) Wird das Bundesgebiet mit Waffengewalt angegriffen und sind die zuständigen Bundesorgane außerstande, sofort die Feststellung nach Absatz 1 Satz 1 zu treffen, so gilt diese Feststellung als getroffen und als zu dem Zeitpunkt verkündet, in dem der Angriff begonnen hat. Der Bundespräsident gibt diesen Zeitpunkt bekannt, sobald die Umstände es zulassen.
(5) Ist die Feststellung des Veteidigungsfalles verkündet und wird das Bundesgebiet mit Waffengewalt angegriffen, so kann der Bundespräsident völkerrechtliche Erklärungen über das Bestehen des Verteidigungsfalles mit Zustimmung des Bundestages abgeben. Unter den Voraussetzungen des Absatzes 2 tritt an die Stelle des Bundestages der Gemeinsame Ausschuß.

17 **Art. 115 b (Befehls- und Kommandogewalt)**
Mit der Verkündung des Verteidigungsfalles geht die Befehls- und Kommandogewalt über die Streitkräfte auf den Bundeskanzler über.

17 **Art. 115 c (Ausnahmekompetenzen der Bundesgesetzgebung)**
(1) Der Bund hat für den Verteidigungsfall das Recht der konkurrierenden Gesetzgebung auch auf den Sachgebieten, die zur Gesetzgebungszuständigkeit der Länder gehören. Diese Gesetze bedürfen der Zustimmung des Bundesrates.
(2) Soweit es die Verhältnisse während des Verteidigungsfalles erfordern, kann durch Bundesgesetz für den Verteidigungsfall
1. bei Enteignungen abweichend von Artikel 14 Abs. 3 Satz 2 die Entschädigung vorläufig geregelt werden,
2. für Freiheitsentziehungen eine von Artikel 104 Abs. 2 Satz 3 und Abs. 3 Satz 1 abweichende Frist, höchstens jedoch eine solche von vier Tagen, für den Fall festgesetzt werden, daß ein Richter nicht innerhalb der für Normalzeiten geltenden Frist tätig werden konnte.

(3) Soweit es zur Abwehr eines gegenwärtigen oder unmittelbar drohenden Angriffs erforderlich ist, kann für den Verteidigungsfall durch Bundesgesetz mit Zustimmung des Bundesrates die Verwaltung und das Finanzwesen des Bundes und der Länder abweichend von Abschnitt VIII und den Artikeln 106 bis 115 geregelt werden, wobei die Lebensfähigkeit der Länder, Gemeinden und Gemeindeverbände, insbesondere auch in finanzieller Hinsicht, zu wahren ist.

(4) Bundesgesetze nach den Absätzen 1 und 2 Nr. 1 dürfen zur Vorbereitung ihres Vollzuges schon vor Eintritt des Verteidigungsfalles angewandt werden.

21 Artikel 115 c Abs. 3 erhält durch Gesetz vom 12. 5. 1969 (BGBl. I S. 359) folgende Fassung:
(3) Soweit es zur Abwehr eines gegenwärtigen oder unmittelbar drohenden Angriffs erforderlich ist, kann für den Verteidigungsfall durch Bundesgesetz mit Zustimmung des Bundesrates die Verwaltung und das Finanzwesen des Bundes und der Länder abweichend von den Abschnitten VIII, VIII a und X geregelt werden, wobei die Lebensfähigkeit der Länder, Gemeinden und Gemeindeverbände, insbesondere auch in finanzieller Hinsicht, zu wahren ist.

17 **Art. 115 d (Gesetzgebungsverfahren im Verteidigungsfall)**
(1) Für die Gesetzgebung des Bundes gilt im Verteidigungsfalle abweichend von Artikel 76 Abs. 2, Artikel 77 Abs. 1 Satz 2 und Abs. 2 bis 4, Artikel 78 und Artikel 82 Abs. 1 die Regelung der Absätze 2 und 3.

(2) Gesetzesvorlagen der Bundesregierung, die sie als dringlich bezeichnet, sind gleichzeitig mit der Einbringung beim Bundestage dem Bundesrate zuzuleiten. Bundestag und Bundesrat beraten diese Vorlagen unverzüglich gemeinsam. Soweit zu einem Gesetz die Zustimmung des Bundesrates erforderlich ist, bedarf es zum Zustandekommen des Gesetzes der Zustimmung der Mehrheit seiner Stimmen. Das Nähere regelt eine Geschäftsordnung, die vom Bundestage beschlossen wird und der Zustimmung des Bundesrates bedarf.

(3) Für die Verkündung der Gesetze gilt Artikel 115 a Abs. 3 Satz 2 entsprechend.

17 **Art. 115 e (Parlamentsvertretung durch den Gemeinsamen Ausschuß)**

(1) Stellt der Gemeinsame Ausschuß im Verteidigungsfalle mit einer Mehrheit von zwei Dritteln der abgegebenen Stimmen, mindestens mit der Mehrheit seiner Mitglieder fest, daß dem rechtzeitigen Zusammentritt des Bundestages unüberwindliche Hindernisse entgegenstehen oder daß dieser nicht beschlußfähig ist, so hat der Gemeinsame Ausschuß die Stellung von Bundestag und Bundesrat und nimmt deren Rechte einheitlich wahr.

(2) Durch ein Gesetz des Gemeinsamen Ausschusses darf das Grundgesetz weder geändert noch ganz oder teilweise außer Kraft oder außer Anwendung gesetzt werden. Zum Erlaß von Gesetzen nach Artikel 24 Abs. 1 und Artikel 29 ist der Gemeinsame Ausschuß nicht befugt.

17 **Art. 115 f (Bundesgrenzschutz; Weisungsrecht der Bundesregierung)**

(1) Die Bundesregierung kann im Verteidigungsfalle, soweit es die Verhältnisse erfordern,

1. den Bundesgrenzschutz im gesamten Bundesgebiete einsetzen;
2. außer der Bundesverwaltung auch den Landesregierungen und, wenn sie es für dringlich erachtet, den Landesbehörden Weisungen erteilen und diese Befugnis auf von ihr zu bestimmende Mitglieder der Landesregierungen übertragen.

(2) Bundestag, Bundesrat und der Gemeinsame Ausschuß sind unverzüglich von den nach Absatz 1 getroffenen Maßnahmen zu unterrichten.

17 **Art. 115 g (Funktionsgarantie des Bundesverfassungsgerichts)**
Die verfassungsmäßige Stellung und die Erfüllung der verfassungsmäßigen Aufgaben des Bundesverfassungsgerichtes und seiner Richter dürfen nicht beeinträchtigt werden. Das Gesetz über das Bundesverfassungsgericht darf durch ein Gesetz des Gemeinsamen Ausschusses nur insoweit geändert werden, als dies auch nach Auffassung des Bundesverfassungsgerichtes zur Aufrechterhaltung der Funktionsfähigkeit des Gerichtes erforderlich ist. Bis zum Erlaß eines solchen Gesetzes kann das Bundesverfassungsgericht die zur Erhaltung der Arbeitsfähigkeit des Gerichtes erforderlichen Maßnahmen treffen. Beschlüsse nach Satz 2 und Satz 3 faßt das Bundesverfassungsgericht mit der Mehrheit der anwesenden Richter.

17 **Art. 115 h (Ablauf von Wahlperioden während des Verteidigungsfalles)**
(1) Während des Verteidigungsfalles ablaufende Wahlperioden des Bundestages oder der Volksvertretungen der Länder enden sechs Monate nach Beendigung des Verteidigungsfalles. Die im Verteidigungsfalle ablaufende Amtszeit des Bundespräsidenten sowie bei vorzeitiger Erledigung seines Amtes die Wahrnehmung seiner Befugnisse durch den Präsidenten des Bundesrates enden neun Monate nach Beendigung des Verteidigungsfalles. Die im Verteidigungsfalle ablaufende Amtszeit eines Mitgliedes des Bundesverfassungsgerichtes endet sechs Monate nach Beendigung des Verteidigungsfalles.
(2) Wird eine Neuwahl des Bundeskanzlers durch den Gemeinsamen Ausschuß erforderlich, so wählt dieser einen neuen Bundeskanzler mit der Mehrheit seiner Mitglieder; der Bundespräsident macht dem Gemeinsamen Ausschuß einen Vorschlag. Der Gemeinsame Ausschuß kann dem Bundeskanzler das Mißtrauen nur dadurch aussprechen, daß er mit der Mehrheit von zwei Dritteln seiner Mitglieder einen Nachfolger wählt.
(3) Für die Dauer des Verteidigungsfalles ist die Auflösung des Bundestages ausgeschlossen.

17 **Art. 115 i (Selbständiges Handeln der Landesregierungen)**
(1) Sind die zuständigen Bundesorgane außerstande, die notwendigen Maßnahmen zur Abwehr der Gefahr zu treffen, und erfor-

dert die Lage unabweisbar ein sofortiges selbständiges Handeln in einzelnen Teilen des Bundesgebietes, so sind die Landesregierungen oder die von ihnen bestimmten Behörden oder Beauftragten befugt, für ihren Zuständigkeitsbereich Maßnahmen im Sinne des Artikels 115 f Abs. 1 zu treffen.
(2) Maßnahmen nach Absatz 1 können durch die Bundesregierung, im Verhältnis zu Landesbehörden und nachgeordneten Bundesbehörden auch durch die Ministerpräsidenten der Länder, jederzeit aufgehoben werden.

17 Art. 115 k (Wirkung von Ausnahmerecht im Verteidigungsfall)

(1) Für die Dauer ihrer Anwendbarkeit setzen Gesetze nach den Artikeln 115 c, 115 e und 115 g und Rechtsverordnungen, die auf Grund solcher Gesetze ergehen, entgegenstehendes Recht außer Anwendung. Dies gilt nicht gegenüber früherem Recht, das auf Grund der Artikel 115 c, 115 e und 115 g erlassen worden ist.
(2) Gesetze, die der Gemeinsame Ausschuß beschlossen hat, und Rechtsverordnungen, die auf Grund solcher Gesetze ergangen sind, treten spätestens sechs Monate nach Beendigung des Verteidigungsfalles außer Kraft.

> (3) Gesetze, die von Artikel 106 und 107 abweichende Regelungen enthalten, gelten längstens bis zum Ende des zweiten Rechnungsjahres, das auf die Beendigung des Verteidigungsfalles folgt. Sie können nach Beendigung des Verteidigungsfalles durch Bundesgesetz mit Zustimmung des Bundesrates geändert werden, um zu der Regelung gemäß Abschnitt X überzuleiten.

21 Artikel 115 k Absatz 3 erhält durch Gesetz vom 12. 5. 1969 (BGBl. I S. 359) folgende Fassung:
(3) Gesetze, die von den Artikeln 91 a, 91 b, 104 a, 106 und 107 abweichende Regelungen enthalten, gelten längstens bis zum Ende des zweiten Rechnungsjahres, das auf die Beendigung des Verteidigungsfalles folgt. Sie können nach Beendigung des Verteidigungsfalles durch Bundesgesetz mit Zustimmung des Bundesrates geändert werden, um zu der Regelung gemäß den Abschnitten VIII a und X überzuleiten.

17 Art. 115 l (Aufhebung von Gesetzen des Gemeinsamen Ausschusses, Friedensschluß)

(1) Der Bundestag kann jederzeit mit Zustimmung des Bundesrates Gesetze des Gemeinsamen Ausschusses aufheben. Der Bun-

desrat kann verlangen, daß der Bundestag hierüber beschließt. Sonstige zur Abwehr der Gefahr getroffene Maßnahmen des Gemeinsamen Ausschusses oder der Bundesregierung sind aufzuheben, wenn der Bundestag und der Bundesrat es beschließen.
(2) Der Bundestag kann mit Zustimmung des Bundesrates jederzeit durch einen vom Bundespräsidenten zu verkündenden Beschluß den Verteidigungsfall für beendet erklären. Der Bundesrat kann verlangen, daß der Bundestag hierüber beschließt. Der Verteidigungsfall ist unverzüglich für beendet zu erklären, wenn die Voraussetzungen für seine Feststellung nicht mehr gegeben sind.
(3) Über den Friedensschluß wird durch Bundesgesetz entschieden.

XI. Übergangs- und Schlußbestimmungen

Art. 116 (Deutsche im Sinne des Grundgesetzes)
(1) Deutscher im Sinne dieses Grundgesetzes ist vorbehaltlich anderweitiger gesetzlicher Regelung, wer die deutsche Staatsangehörigkeit besitzt oder als Flüchtling oder Vertriebener deutscher Volkszugehörigkeit oder als dessen Ehegatte oder Abkömmling in dem Gebiete des Deutschen Reiches nach dem Stande vom 31. Dezember 1937 Aufnahme gefunden hat.
(2) Frühere deutsche Staatsangehörige, denen zwischen dem 30. Januar 1933 und dem 8. Mai 1945 die Staatsangehörigkeit aus politischen, rassischen oder religiösen Gründen entzogen worden ist, und ihre Abkömmlinge sind auf Antrag wieder einzubürgern. Sie gelten als nicht ausgebürgert, sofern sie nach dem 8. Mai 1945 ihren Wohnsitz in Deutschland genommen haben und nicht einen entgegengesetzten Willen zum Ausdruck gebracht haben.

Art. 117 (Gleichberechtigungsgesetz)
(1) Das dem Artikel 3 Abs. 2 entgegenstehende Recht bleibt bis zu seiner Anpassung an diese Bestimmung des Grundgesetzes in Kraft, jedoch nicht länger als bis zum 31. März 1953.
(2) Gesetze, die das Recht der Freizügigkeit mit Rücksicht auf die gegenwärtige Raumnot einschränken, bleiben bis zu ihrer Aufhebung durch Bundesgesetz in Kraft.

Art. 118 (Südweststaatklausel)
Die Neugliederung in dem die Länder Baden, Württemberg-Baden und Württemberg-Hohenzollern umfassenden Gebiete kann abweichend von den Vorschriften des Artikels 29 durch Vereinbarung der beteiligten Länder erfolgen. Kommt eine Vereinbarung nicht zustande, so wird die Neugliederung durch Bundesgesetz geregelt, das eine Volksbefragung vorsehen muß.

Art. 119 (Flüchtlinge und Vertriebene)
In Angelegenheiten der Flüchtlinge und Vertriebenen, insbesondere zu ihrer Verteilung auf die Länder, kann bis zu einer bundesgesetzlichen Regelung die Bundesregierung mit Zustimmung des Bundesrates Verordnungen mit Gesetzeskraft erlassen. Für besondere Fälle kann dabei die Bundesregierung ermächtigt werden, Einzelweisungen zu erteilen. Die Weisungen sind außer bei Gefahr im Verzuge an die obersten Landesbehörden zu richten.

Art. 120 (Besatzungskosten und Kriegsfolgelasten)
(1) Der Bund trägt die Aufwendungen für Besatzungskosten und die sonstigen inneren und äußeren Kriegsfolgelasten nach näherer Bestimmung eines Bundesgesetzes und die Zuschüsse zu den Lasten der Sozialversicherung mit Einschluß der Arbeitslosenversicherung und der Arbeitslosenfürsorge.
(2) Die Einnahmen gehen auf den Bund zu demselben Zeitpunkt über, an dem der Bund die Ausgaben übernimmt.

14 Artikel 120 Abs. 1 erhält durch Gesetz vom 30. 7. 1965 (BGBl. I S. 649) folgende Fassung:
(1) Der Bund trägt die Aufwendungen für Besatzungskosten und die sonstigen inneren und äußeren Kriegsfolgelasten nach näherer Bestimmung von Bundesgesetzen. Soweit diese Kriegsfolgelasten bis zum 1. Oktober 1965 durch Bundesgesetze geregelt worden sind, tragen Bund und Länder im Verhältnis zueinander die Aufwendungen nach Maßgabe dieser Bundesgesetze. Soweit Aufwendungen für Kriegsfolgelasten, die in Bundesgesetzen weder geregelt worden sind noch geregelt werden, bis zum 1. Oktober 1965 von den Ländern, Gemeinden (Gemeindeverbänden) oder sonstigen Aufgabenträgern, die Aufgaben von Ländern oder Gemeinden erfüllen, erbracht worden sind, ist der Bund zur Übernahme von Aufwendungen dieser Art auch nach diesem Zeitpunkt nicht verpflichtet. Der Bund trägt die Zuschüsse zu den Lasten der

Sozialversicherung mit Einschluß der Arbeitslosenversicherung und der Arbeitslosenhilfe. Die durch diesen Absatz geregelte Verteilung der Kriegsfolgelasten auf Bund und Länder läßt die gesetzliche Regelung von Entschädigungsansprüchen für Kriegsfolgen unberührt.

24 In Artikel 120 Abs. 1 Satz 2 wird durch Gesetz vom 28. 7. 1969 (BGBl. I S. 985) die Jahreszahl »1965« durch die Jahreszahl »1969« ersetzt.

2 Nach Artikel 120 wird durch Gesetz vom 14. 8. 1952 (BGBl. I S. 445) folgender Artikel 120 a eingefügt:

Art. 120 a (Lastenausgleichsgesetze)
(1) Die Gesetze, die der Durchführung des Lastenausgleichs dienen, können mit Zustimmung des Bundesrates bestimmen, daß sie auf dem Gebiete der Ausgleichsleistungen teils durch den Bund, teils im Auftrage des Bundes durch die Länder ausgeführt werden und daß die der Bundesregierung und den zuständigen obersten Bundesbehörden auf Grund des Artikels 85 insoweit zustehenden Befugnisse ganz oder teilweise dem Bundesausgleichsamt übertragen werden. Das Bundesausgleichsamt bedarf bei Ausübung dieser Befugnisse nicht der Zustimmung des Bundesrates; seine Weisungen sind, abgesehen von den Fällen der Dringlichkeit, an die obersten Landesbehörden (Landesausgleichsämter) zu richten.
(2) Artikel 87 Abs. 3 Satz 2 bleibt unberührt.

Art. 121 (Begriff der Mehrheit)
Mehrheit der Mitglieder des Bundestages und der Bundesversammlung im Sinne dieses Grundgesetzes ist die Mehrheit ihrer gesetzlichen Mitgliederzahl.

Art. 122 (Bisherige Gesetzgebungszuständigkeit)
(1) Vom Zusammentritt des Bundestages an werden die Gesetze ausschließlich von den in diesem Grundgesetze anerkannten gesetzgebenden Gewalten beschlossen.
(2) Gesetzgebende und bei der Gesetzgebung beratend mitwirkende Körperschaften, deren Zuständigkeit nach Absatz 1 endet, sind mit diesem Zeitpunkt aufgelöst.

Art. 123 (Fortgeltung früheren Rechts und früherer Staatsverträge)
(1) Recht aus der Zeit vor dem Zusammentritt des Bundestages gilt fort, soweit es dem Grundgesetze nicht widerspricht.
(2) Die vom Deutschen Reich abgeschlossenen Staatsverträge, die sich auf Gegenstände beziehen, für die nach diesem Grundgesetze die Landesgesetzgebung zuständig ist, bleiben, wenn sie nach allgemeinen Rechtsgrundsätzen gültig sind und fortgelten, unter Vorbehalt aller Rechte und Einwendungen der Beteiligten in Kraft, bis neue Staatsverträge durch die nach diesem Grundgesetze zuständigen Stellen abgeschlossen werden oder ihre Beendigung auf Grund der in ihnen enthaltenen Bestimmungen anderweitig erfolgt.

Art. 124 (Früheres Recht, ausschließliche Gesetzgebung)
Recht, das Gegenstände der ausschließlichen Gesetzgebung des Bundes betrifft, wird innerhalb seines Geltungsbereiches Bundesrecht.

Art. 125 (Früheres Recht, konkurrierende Gesetzgebung)
Recht, das Gegenstände der konkurrierenden Gesetzgebung des Bundes betrifft, wird innerhalb seines Geltungsbereiches Bundesrecht,
1. soweit es innerhalb einer oder mehrerer Besatzungszonen einheitlich gilt,
2. soweit es sich um Recht handelt, durch das nach dem 8. Mai 1945 früheres Reichsrecht abgeändert worden ist.

Art. 126 (Entscheidung über Fortgeltung früheren Rechts)
Meinungsverschiedenheiten über das Fortgelten von Recht als Bundesrecht entscheidet das Bundesverfassungsgericht.

Art. 127 (Recht des Vereinigten Wirtschaftsgebietes)
Die Bundesregierung kann mit Zustimmung der Regierungen der beteiligen Länder Recht der Verwaltung des Vereinigten Wirtschaftsgebietes, soweit es nach Artikel 124 oder 125 als Bundesrecht fortgilt, innerhalb eines Jahres nach Verkündung dieses Grundgesetzes in den Ländern Baden, Groß-Berlin, Rheinland-Pfalz und Württemberg-Hohenzollern in Kraft setzen.

Art. 128 (Fortgeltendes Weisungsrecht)
Soweit fortgeltendes Recht Weisungsrechte im Sinne des Artikels 84 Abs. 5 vorsieht, bleiben sie bis zu einer anderweitigen gesetzlichen Regelung bestehen.

Art. 129 (Fortgeltung von Ermächtigungen)
(1) Soweit in Rechtsvorschriften, die als Bundesrecht fortgelten, eine Ermächtigung zum Erlasse von Rechtsverordnungen oder allgemeinen Verwaltungsvorschriften sowie zur Vornahme von Verwaltungsakten enthalten ist, geht sie auf die nunmehr sachlich zuständigen Stellen über. In Zweifelsfällen entscheidet die Bundesregierung im Einvernehmen mit dem Bundesrate; die Entscheidung ist zu veröffentlichen.
(2) Soweit in Rechtsvorschriften, die als Landesrecht fortgelten, eine solche Ermächtigung enthalten ist, wird sie von den nach Landesrecht zuständigen Stellen ausgeübt.
(3) Soweit Rechtsvorschriften im Sinne der Absätze 1 und 2 zu ihrer Änderung oder Ergänzung oder zum Erlaß von Rechtsvorschriften anstelle von Gesetzen ermächtigen, sind diese Ermächtigungen erloschen.
(4) Die Vorschriften der Absätze 1 und 2 gelten entsprechend, soweit in Rechtsvorschriften auf nicht mehr geltende Vorschriften oder nicht mehr bestehende Einrichtungen verwiesen ist.

Art. 130 (Körperschaften und Anstalten des öffentlichen Rechts)
(1) Verwaltungsorgane und sonstige der öffentlichen Verwaltung oder Rechtspflege dienende Einrichtungen, die nicht auf Landesrecht oder Staatsverträgen zwischen Ländern beruhen, sowie die Betriebsvereinigung der südwestdeutschen Eisenbahnen und der Verwaltungsrat für das Post- und Fernmeldewesen für das französische Besatzungsgebiet unterstehen der Bundesregierung. Diese regelt mit Zustimmung des Bundesrates die Überführung, Auflösung oder Abwicklung.
(2) Oberster Disziplinarvorgesetzter der Angehörigen dieser Verwaltungen und Einrichtungen ist der zuständige Bundesminister.
(3) Nicht landesunmittelbare und nicht auf Staatsverträgen zwischen den Ländern beruhende Körperschaften und Anstalten des öffentlichen Rechtes unterstehen der Aufsicht der zuständigen obersten Bundesbehörde.

Art. 131 (Frühere öffentliche Bedienstete)
Die Rechtsverbände von Personen einschließlich der Flüchtlinge und Vertriebenen, die am 8. Mai 1945 im öffentlichen Dienst standen, aus anderen als beamten- oder tarifrechtlichen Gründen ausgeschieden sind und bisher nicht oder nicht ihrer früheren Stellung entsprechend verwendet werden, sind durch Bundesgesetz zu regeln. Entsprechendes gilt für Personen einschließlich der Flüchtlinge und Vertriebenen, die am 8. Mai 1945 versorgungsberechtigt waren und aus anderen als beamten- oder tarifrechtlichen Gründen keine oder keine entsprechende Versorgung mehr erhalten. Bis zum Inkrafttreten des Bundesgesetzes können vorbehaltlich anderweitiger landesrechtlicher Regelung Rechtsansprüche nicht geltend gemacht werden.

Art. 132 (Aufhebung von Beamtenrechten)
(1) Beamte und Richter, die im Zeitpunkte des Inkrafttretens dieses Grundgesetzes auf Lebenszeit angestellt sind, können binnen sechs Monaten nach dem ersten Zusammentritt des Bundestages in den Ruhestand oder Wartestand oder in ein Amt mit niedrigerem Diensteinkommen versetzt werden, wenn ihnen die persönliche oder fachliche Eignung für ihr Amt fehlt. Auf Angestellte, die in einem unkündbaren Dienstverhältnis stehen, findet diese Vorschrift entsprechende Anwendung. Bei Angestellten, deren Dienstverhältnis kündbar ist, können über die tarifmäßige Regelung hinausgehende Kündigungsfristen innerhalb der gleichen Frist aufgehoben werden.
(2) Diese Bestimmung findet keine Anwendung auf Angehörige des öffentlichen Dienstes, die von den Vorschriften über die »Befreiung von Nationalsozialismus und Militarismus« nicht betroffen oder die anerkannte Verfolgte des Nationalsozialismus sind, sofern nicht ein wichtiger Grund in ihrer Person vorliegt.
(3) Den Betroffenen steht der Rechtsweg gemäß Artikel 19 Abs. 4 offen.
(4) Das Nähere bestimmt eine Verordnung der Bundesregierung, die der Zustimmung des Bundesrates bedarf.

Art. 133 (Rechtsnachfolge des Vereinigten Wirtschaftsgebietes)
Der Bund tritt in die Rechte und Pflichten der Verwaltung des Vereinigten Wirtschaftsgebietes ein.

Art. 134 (Früheres Reichsvermögen)
(1) Das Vermögen des Reiches wird grundsätzlich Bundesvermögen.
(2) Soweit es nach seiner ursprünglichen Zweckbestimmung überwiegend für Verwaltungsaufgaben bestimmt war, die nach diesem Grundgesetze nicht Verwaltungsaufgaben des Bundes sind, ist es unentgeltlich auf die nunmehr zuständigen Aufgabenträger und, soweit es nach seiner gegenwärtigen, nicht nur vorübergehenden Benutzung Verwaltungsaufgaben dient, die nach diesem Grundgesetz nunmehr von den Ländern zu erfüllen sind, auf die Länder zu übertragen. Der Bund kann auch sonstiges Vermögen den Ländern übertragen.
(3) Vermögen, das dem Reich von den Ländern und Gemeinden (Gemeindeverbänden) unentgeltlich zur Verfügung gestellt wurde, wird wiederum Vermögen der Länder und Gemeinden (Gemeindeverbände), soweit es nicht der Bund für eigene Verwaltungsaufgaben benötigt.
(4) Das Nähere regelt ein Bundesgesetz, das der Zustimmung des Bundesrates bedarf.

Art. 135 (Ländervermögen bei Gebietsänderung)
(1) Hat sich nach dem 8. Mai 1945 bis zum Inkrafttreten dieses Grundgesetzes die Landeszugehörigkeit eines Gebietes geändert, so steht in diesem Gebiete das Vermögen des Landes, dem das Gebiet angehört hat, dem Lande zu, dem es jetzt angehört.
(2) Das Vermögen nicht mehr bestehender Länder und nicht mehr bestehender anderer Körperschaften und Anstalten des öffentlichen Rechtes geht, soweit es nach seiner ursprünglichen Zweckbestimmung überwiegend für Verwaltungsaufgaben bestimmt war, oder nach seiner gegenwärtigen, nicht nur vorübergehenden Benutzung überwiegend Verwaltungsaufgaben dient, auf das Land oder die Körperschaft oder Anstalt des öffentlichen Rechtes über, die nunmehr diese Aufgaben erfüllen.
(3) Grundvermögen nicht mehr bestehender Länder geht einschließlich des Zubehörs, soweit es nicht bereits zu Vermögen im Sinne des Absatzes 1 gehört, auf das Land über, in dessen Gebiet es belegen ist.
(4) Sofern ein überwiegendes Interesse des Bundes oder das besondere Interesse eines Gebietes es erfordert, kann durch

Bundesgesetz eine von den Absätzen 1 bis 3 abweichende Regelung getroffen werden.
(5) Im übrigen wird die Rechtsnachfolge und die Auseinandersetzung, soweit sie nicht bis zum 1. Januar 1952 durch Vereinbarung zwischen den beteiligten Ländern oder Körperschaften oder Anstalten des öffentlichen Rechtes erfolgt, durch Bundesgesetz geregelt, das der Zustimmung des Bundesrates bedarf.
(6) Beteiligungen des ehemaligen Landes Preußen an Unternehmen des privaren Rechtes gehen auf den Bund über. Das Nähere regelt ein Bundesgesetz, das auch Abweichendes bestimmen kann.
(7) Soweit über Vermögen, das einem Lande oder einer Körperschaft oder Anstalt des öffentlichen Rechtes nach den Absätzen 1 bis 3 zufallen würde, von dem danach Berechtigten durch ein Landesgesetz, auf Grund eines Landesgesetzes oder in anderer Weise bei Inkrafttreten des Grundgesetzes verfügt worden war, gilt der Vermögensübergang als vor der Verfügung erfolgt.

9 Nach Artikel 135 wird durch Gesetz vom 22. 10. 1957 (BGBl. I S. 1745) folgender Artikel 135 a eingefügt:

Art. 135 a (Verbindlichkeiten des früheren Reiches und Preußens)
Durch die in Artikel 134 Abs. 4 und Artikel 135 Abs. 5 vorbehaltene Gesetzgebung des Bundes kann auch bestimmt werden, daß nicht oder nicht in voller Höhe zu erfüllen sind
1. Verbindlichkeiten des Reiches sowie Verbindlichkeiten des ehemaligen Landes Preußen und sonstiger nicht mehr bestehender Körperschaften und Anstalten des öffentlichen Rechts,
2. Verbindlichkeiten des Bundes oder anderer Körperschaften und Anstalten des öffentlichen Rechts, welche mit dem Übergang von Vermögenswerten nach Artikel 89, 90, 134 und 135 im Zusammenhang stehen, und Verbindlichkeiten dieser Rechtsträger, die auf Maßnahmen der in Nummer 1 bezeichneten Rechtsträger beruhen,
3. Verbindlichkeiten der Länder und Gemeinden (Gemeindeverbände), die aus Maßnahmen entstanden sind, welche diese

Rechtsträger vor dem 1. August 1945 zur Durchführung von Anordnungen der Besatzungsmächte oder zur Beseitigung eines kriegsbedingten Notstandes im Rahmen dem Reich obliegender oder vom Reich übertragener Verwaltungsaufgaben getroffen haben.

Art. 136 (Erster Zusammentritt des Bundesrates)
(1) Der Bundesrat tritt erstmalig am Tage des ersten Zusammentrittes des Bundestages zusammen.
(2) Bis zur Wahl des ersten Bundespräsidenten werden dessen Befugnisse von dem Präsidenten des Bundesrates ausgeübt. Das Recht der Auflösung des Bundestages steht ihm nicht zu.

Art. 137 (Wählbarkeit von öffentlichen Bediensteten)
(1) Die Wählbarkeit von Beamten, Angestellten des öffentlichen Dienstes und Richtern im Bunde, in den Ländern und in den Gemeinden kann gesetzlich beschränkt werden.
(2) Für die Wahl des ersten Bundestages, der ersten Bundesversammlung und des ersten Bundespräsidenten der Bundesrepublik gilt das vom Parlamentarischen Rat zu beschließende Wahlgesetz.
(3) Die dem Bundesverfassungsgerichte gemäß Art. 41 Abs. 2 zustehende Befugnis wird bis zu seiner Errichtung von dem Deutschen Obergericht für das Vereinigte Wirtschaftsgebiet wahrgenommen, das nach Maßgabe seiner Verfahrensordnung entscheidet.

7 *Artikel 137 Abs. 1 erhält durch Gesetz vom 19. 3. 1956 (BGBl. I S. 111) folgende Fassung:*
(1) Die Wählbarkeit von Beamten, Angestellten des öffentlichen Dienstes, Berufssoldaten, freiwilligen Soldaten auf Zeit und Richtern im Bund, in den Ländern und den Gemeinden kann gesetzlich beschränkt werden.

Art. 138 (Süddeutsches Notariat)
Änderungen der Einrichtungen des jetzt bestehenden Notariats in den Ländern Baden, Bayern, Württemberg-Baden und Württemberg-Hohenzollern bedürfen der Zustimmung der Regierungen dieser Länder.

Art. 139 (Entnazifizierung)
Die zur »Befreiung des deutschen Volkes vom Nationalsozialismus und Militarismus« erlassenen Rechtsvorschriften werden von den Bestimmungen dieses Grundgesetzes nicht berührt.

Art. 140 (Fortgeltung von Vorschriften der Weimarer Verfassung über Staat und Kirche)
Die Bestimmungen der Artikel 136, 137, 138, 139 und 141 der deutschen Verfassung vom 11. August 1919 sind Bestandteil dieses Grundgesetzes.

Art. 141 (Bremer Klausel)
Artikel 7 Abs. 3 Satz 1 findet keine Anwendung in einem Lande, in dem am 1. Januar 1949 eine andere landesrechtliche Regelung bestand.

Art. 142 (Grundrechte der Länderverfassungen)
Ungeachtet der Vorschrift des Artikels 31 bleiben Bestimmungen der Landesverfassungen auch insoweit in Kraft, als sie in Übereinstimmung mit den Artikeln 1 bis 18 dieses Grundgesetzes Grundrechte gewährleisten.

4 Nach Artikel 142 wird durch Gesetz vom 26. 3. 1954 (BGBl. I S. 45) folgender Artikel 142 a eingefügt:

Art. 142 a (Verträge von Bonn und Paris)
Die Bestimmungen dieses Grundgesetzes stehen dem Abschluß und dem Inkrafttreten der am 26. und 27. Mai 1952 in Bonn und Paris unterzeichneten Verträge (Vertrag über die Beziehungen zwischen der Bundesrepublik Deutschland und den Drei Mächten und Vertrag über die Gründung der Europäischen Verteidigungsgemeinschaft) mit ihren Zusatz- und Nebenabkommen, insbesondere dem Protokoll vom 26. Juli 1952, nicht entgegen.

17 Artikel 142 a wird durch Gesetz vom 24. 6. 1968 (BGBl. I S. 709) aufgehoben.

Art. 143 (Hochverrat)
(1) Wer mit Gewalt oder durch Drohung mit Gewalt die verfassungsmäßige Ordnung des Bundes oder eines Landes ändert, den Bundespräsidenten der ihm nach diesem Grundgesetze zustehenden Befugnisse beraubt oder mit Gewalt oder durch gefährliche Drohung nötigt oder hindert, sie überhaupt oder in einem

bestimmten Sinne auszuüben, oder ein zum Bunde oder einem Lande gehöriges Gebiet losreißt, wird mit lebenslangem Zuchthaus oder Zuchthaus nicht unter zehn Jahren bestraft.
(2) Wer zu einer Handlung im Sinne des Abs. 1 öffentlich auffordert oder sie mit einem anderen verabredet oder in anderer Weise vorbereitet, wird mit Zuchthaus bis zu zehn Jahren bestraft.
(3) In minder schweren Fällen kann in den Fällen des Abs. 1 auf Zuchthaus nicht unter zwei Jahren, in den Fällen des Abs. 2 auf Gefängnis nicht unter einem Jahr erkannt werden.
(4) Wer aus freien Stücken seine Tätigkeit aufgibt oder bei Beteiligung mehrerer die verabredete Handlung verhindert, kann nicht nach den Vorschriften der Abs. 1 bis 3 bestraft werden.
(5) Für die Aburteilung ist, sofern die Handlung sich ausschließlich gegen die verfassungsmäßige Ordnung eines Landes richtet, mangels anderweitiger landesrechtlicher Regelung das für Strafsachen zuständige oberste Gericht des Landes zuständig. Im übrigen ist das Oberlandesgericht zuständig, in dessen Bezirk die erste Bundesregierung ihren Sitz hat.
(6) Die vorstehenden Vorschriften gelten bis zu einer anderweitigen Regelung durch Bundesgesetz.

1 Artikel 143 wird durch Gesetz vom 30. 8. 1951 (BGBl. I S. 739) aufgehoben.

7 Nach Artikel 142 a wird durch Gesetz vom 19. 3. 1956 (BGBl. I S. 111) folgender Artikel 143 eingefügt:

Art. 143 (Innerer Notstand, Streitkräfte)
Die Voraussetzungen, unter denen es zulässig wird, die Streitkräfte im Falle eines inneren Notstandes in Anspruch zu nehmen, können nur durch ein Gesetz geregelt werden, das die Erfordernisse des Artikels 79 erfüllt.

17 Artikel 143 wird durch Gesetz vom 24. 6. 1968 (BGBl. I S. 709) aufgehoben.

Art. 144 (Ratifizierung des Grundgesetzes, Berlin-Klausel)
(1) Dieses Grundgesetz bedarf der Annahme durch die Volksvertretungen in zwei Dritteln der deutschen Länder, in denen es zunächst gelten soll.
(2) Soweit die Anwendungen dieses Grundgesetzes in einem der in Artikel 23 aufgeführten Länder oder in einem Teile eines dieser Länder Beschränkungen unterliegt, hat das Land oder der Teil des Landes das Recht, gemäß Artikel 38 Vertreter in den Bundestag und gemäß Artikel 50 Vertreter in den Bundesrat zu entsenden.

Art. 145 (Verkündung des Grundgesetzes)
(1) Der Parlamentarische Rat stellt in öffentlicher Sitzung unter Mitwirkung der Abgeordneten Groß-Berlins die Annahme dieses Grundgesetzes fest, fertigt es aus und verkündet es.
(2) Dieses Grundgesetz tritt mit Ablauf des Tages der Verkündung in Kraft.
(3) Es ist im Bundesgesetzblatte zu veröffentlichen.

Art. 146 (Geltungsdauer des Grundgesetzes)
Dieses Grundgesetz verliert seine Gültigkeit an dem Tage, an dem eine Verfassung in Kraft tritt, die von dem deutschen Volke in freier Entscheidung beschlossen worden ist.

Verfassung des Deutschen Reiches
Auszug

Vom 11. August 1919 (RGBl., 1919, S. 1383)

[Art. 136, 137, 138, 139 und 141 der Verfassung des Deutschen Reiches (Weimarer Verfassung) sind gemäß Art. 140 des Grundgesetzes Bestandteil des Grundgesetzes]

Art. 136 (Religionsfreiheit)
(1) Die bürgerlichen und staatsbürgerlichen Rechte und Pflichten werden durch die Ausübung der Religionsfreiheit weder bedingt noch beschränkt.
(2) Der Genuß bürgerlicher und staatsbürgerlicher Rechte sowie die Zulassung zu öffentlichen Ämtern sind unabhängig von dem religiösen Bekenntnis.
(3) Niemand ist verpflichtet, seine religiöse Überzeugung zu offenbaren. Die Behörden haben nur soweit das Recht, nach der Zugehörigkeit zu einer Religionsgesellschaft zu fragen, als davon Rechte und Pflichten abhängen oder eine gesetzlich angeordnete statistische Erhebung dies erfordert.
(4) Niemand darf zu einer kirchlichen Handlung oder Feierlichkeit oder zur Teilnahme an religiösen Übungen oder zur Benutzung einer religiösen Eidesform gezwungen werden.

Art. 137 (Religionsgesellschaften)
(1) Es besteht keine Staatskirche.
(2) Die Freiheit der Vereinigung zu Religionsgesellschaften wird gewährleistet. Der Zusammenschluß von Religionsgesellschaften innerhalb des Reichsgebietes unterliegt keinen Beschränkungen.
(3) Jede Religionsgesellschaft ordnet und verwaltet ihre Angelegenheiten selbständig innerhalb der Schranken des für alle geltenden Gesetzes. Sie verleiht ihre Ämter ohne Mitwirkung des Staates oder der bürgerlichen Gemeinde.
(4) Religionsgesellschaften erwerben die Rechtsfähigkeit nach den allgemeinen Vorschriften des bürgerlichen Rechtes.
(5) Die Religionsgesellschaften bleiben Körperschaften des öffentlichen Rechtes, soweit sie solche bisher waren. Anderen sind auf Antrag gleiche Rechte zu gewähren, wenn sie durch ihre Verfas-

sung und die Zahl ihrer Mitglieder die Gewähr der Dauer bieten. Schließen sich mehrere derartige öffentlich-rechtliche Religionsgesellschaften zu einem Verbande zusammen, so ist auch dieser Verband eine öffentlich-rechtliche Körperschaft.
(6) Die Religionsgesellschaften, welche Körperschaften des öffentlichen Rechtes sind, sind berechtigt, auf Grund der bürgerlichen Steuerlisten nach Maßgabe der landesrechtlichen Bestimmungen Steuern zu erheben.
(7) Den Religionsgesellschaften werden die Vereingungen gleichgestellt, die sich die gemeinschaftliche Pflege einer Weltanschauung zur Aufgabe machen.
(8) Soweit die Durchführung dieser Bestimmungen eine weitere Regelung erfordert, liegt diese der Landesgesetzgebung ob.

Art. 138 (Eigentum und Vermögen der Religionsgesellschaften)
(1) Die auf Gesetz, Vertrag oder besonderen Rechtstiteln beruhenden Staatsleistungen an die Religionsgesellschaften werden durch die Landesgesetzgebung abgelöst. Die Grundsätze hierfür stellt das Reich auf.
(2) Das Eigentum und andere Rechte der Religionsgesellschaften und religiösen Vereine an ihren für Kultus-, Unterrichts- und Wohltätigkeitszwecke bestimmten Anstalten, Stiftungen und sonstigen Vermögen werden gewährleistet.

Art. 139 (Sonn- und Feiertagsschutz)
Der Sonntag und die staatlich anerkannten Feiertage bleiben als Tage der Arbeitsruhe und der seelischen Erhebung gesetzlich geschützt.

Art. 141 (Seelsorge in öffentlichen Anstalten)
Soweit das Bedürfnis nach Gottesdiensten und Seelsorge im Heer, in Krankenhäusern, Strafanstalten und sonstigen öffentlichen Anstalten besteht, sind die Religionsgesellschaften zur Vornahme religiöser Handlungen zuzulassen, wobei jeder Zwang fernzuhalten ist.

Änderung des Grundgesetzes
Übersicht

Lfd. Nr.	Änderndes Gesetz	Datum	Bundes-gesetz-blatt I Seite	Geänd. Artikel	Art der Änderung
1.	Strafrechts-änderungsgesetz	30. 8. 1951	739	143	aufgeh.
2.	Gesetz zur Einfügung eines Art. 120 a in das Grundgesetz	14. 8. 1952	445	120 a	eingef.
3.	Gesetz zur Änderung des Art. 107 des Grundgesetzes	20. 4. 1953	130	107 S. 1	geänd.
4.	Gesetz zur Ergänzung des Grundgesetzes	26. 3. 1954	45	73 Nr. 1	geänd.
				79 Abs. 1 S. 2	
				142 a	eingef.
5.	Zweites Gesetz zur Änderung des Art. 107 des Grundgesetzes	25. 12. 1954	517	107 S. 1	geänd.
6.	Finanzverfassungs-gesetz	23. 12. 1955	817	106, 107	geänd.
7.	Gesetz zur Ergänzung des Grundgesetzes	19. 3. 1956	111	1 Abs. 3	
				12	geänd.
				17 a	eingef.
				36	geänd.
				45 a	
				45 b	eingef.
				49	geänd.
				59 a	eingef.
				60 Abs. 1	geänd.
				65 a	
				87 a	
				87 b	eingef.
				96 Abs. 3	geänd.
				96 a	eingef.
				137 Abs. 1	geänd.
				143	eingef.
8.	Gesetz zur Änderung und Ergänzung des Art. 106 des Grundgesetzes	24. 12. 1956	1077	106 Abs. 2 6–8	geänd.

Lfd. Nr.	Änderndes Gesetz	Datum	Bundes-gesetz-blatt I Seite	Geänd. Artikel	Art der Änderung
9.	Gesetz zur Einfügung eines Art. 135 a in das Grundgesetz	22. 10. 1957	1745	135 a	eingef.
10.	Gesetz zur Ergänzung des Grundgesetzes	23. 12. 1959	813	74 Nr. 11 a 87 c	eingef.
11.	Gesetz zur Einfügung eines Artikels über die Luftverkehrsverwaltung in das Grundgesetz	6. 2. 1961	65	87 d	eingef.
12.	Zwölftes Gesetz zur Änderung des Grundgesetzes	6. 3. 1961	141	96 Abs. 3 96 a	aufgeh. geänd.
13.	Dreizehntes Gesetz zur Änderung des Grundgesetzes	16. 6. 1965	513	74 Nr. 10 74 Nr. 10 a	geänd. eingef.
14.	Vierzehntes Gesetz zur Änderung des Grundgesetzes	30. 7. 1965	649	120 Abs. 1	geänd.
15.	Fünfzehntes Gesetz zur Änderung des Grundgesetzes	8. 6. 1967	581	109	geänd.
16.	Sechzehntes Gesetz zur Änderung des Grundgesetzes	18. 6. 1968	657	92 95 96 96 a Abs. 3 99 100	geänd. aufgeh. geänd.
17.	Siebzehntes Gesetz zur Ergänzung des Grundgesetzes	24. 6. 1968	709	9 Abs. 3 10 11 Abs. 2 12 12 a 19 Abs. 4 S. 3 20 Abs. 4 35 Abs. 2 u. 3 Abschn. IV a (53 a) 59 a	 geänd. eingef. geänd. eingef.

Lfd. Nr.	Änderndes Gesetz	Datum	Bundes- gesetz- blatt I Seite	Geänd. Artikel	Art der Ände- rung
				65 a Abs. 2	
				73 Nr. 1	aufgeh.
				80 a	
				§ 87 a	
				91	geänd.
				Abschn. X a	
				(115 a–115 l)	eingef.
				142 a	
				143	aufgeh.
18.	Achtzehntes Gesetz zur Änderung des Grundgesetzes	15. 11. 1968	1177	76 Abs. 2 S. 2 77 Abs. 2 S. 1 77 Abs. 3 S. 1 77 Abs. 3 S. 2	geänd.
19.	Neunzehntes Gesetz zur Änderung des Grundgesetzes	29. 1. 1969	97	93 Abs. 1 94 Abs. 2 S. 2 Nr. 4 a u. 4 b	eingef.
20.	Zwanzigstes Gesetz zur Änderung des Grundgesetzes	12. 5. 1969	357	109 Abs. 3 110 112 113 114 115	geänd.
21.	Einundzwanzigstes Gesetz zur Änderung des Grundgesetzes (Finanzreformgesetz)	12. 5. 1969	359	Abschn. VIII a (91 a, 91 b) 104 a 105 Abs. 2 105 Abs. 2 a 106 107 108 115 c Abs. 3 115 k Abs. 3	eingef. geänd. eingef. geänd.
22.	Zweiundzwanzigstes Gesetz zur Änderung des Grundgesetzes	12. 5. 1969	363	74 Nr. 13 u. 22 74 Nr. 19 a 75 Abs. 1 Nr. 1 a, Abs. 2 u. 3 96 Abs. 4	geänd. eingef. eingef. geänd.

Lfd. Nr.	Änderndes Gesetz	Datum	Bundes-gesetz-blatt I Seite	Geänd. Artikel	Art der Änderung
23.	Dreiundzwanzigstes Gesetz zur Änderung des Grundgesetzes	17. 7. 1969	817	76 Abs. 3 S. 1	geänd.
24.	Vierundzwanzigstes Gesetz zur Änderung des Grundgesetzes	28. 7. 1969	985	120 Abs. 1 S. 2	geänd.
25.	Fünfundzwanzigstes Gesetz zur Änderung des Grundgesetzes	19. 8. 1969	1241	29	geänd.
26.	Sechsundzwanzigstes Gesetz zur Änderung des Grundgesetzes	26. 8. 1969	1357	96 Abs. 5	eingef.
27.	Siebenundzwanzigstes Gesetz zur Änderung des Grundgesetzes	31. 7. 1970	1161	38 Abs. 2 91 a Abs. 1 Nr. 1	geänd.
28.	Achtundzwanzigstes Gesetz zur Änderung des Grundgesetzes (Art. 74 a GG)	18. 3. 1971	206	74 a 75 98 Abs. 3	eingef. geänd.
29.	Neunundzwanzigstes Gesetz zur Änderung des Grundgesetzes	18. 3. 1971	207	74 Nr. 20	geänd.
30.	Dreißigstes Gesetz zur Änderung des Grundgesetzes (Art. 74 GG – Umweltschutz)	12. 4. 1972	593	74 Nr. 24	eingef.
31.	Einunddreißigstes Gesetz zur Änderung des Grundgesetzes	28. 7. 1972	1305	35 Abs. 2 73 Nr. 10 74 Nr. 4 a 87 Abs. 1 S. 2	geänd. eingef. geänd.
32.	Zweiunddreißigstes Gesetz zur Änderung des Grundgesetzes (Art. 45 c)	15. 7. 1975	1901	45 c	eingef.
33.	Dreiunddreißigstes Gesetz zur Änderung des Grundgesetzes (Art. 29 und 39)	23. 8. 1976	2381	29 39 Abs. 1 u. 2 45 45 a Abs. 1	geänd.

Lfd. Nr.	Änderndes Gesetz	Datum	Bundes-gesetz-blatt I Seite	Geänd. Artikel	Art der Änderung
34.	Vierunddreißigstes Gesetz zur Änderung des Grundgesetzes (Art. 74 Nr. 4 a)	23. 8. 1976	2383	S. 2 49 74 Nr. 4 a	aufgeh. geänd.

Stichwortverzeichnis

a) Stichwortverzeichnis zu: Das Grundgesetz und seine Veränderung

Abwehrrechte 28
Amt Blank 11 f.
Arbeiterbewegung 8
Ausländerobservierung 21
Ausnahmebefugnis s. Notstandsbefugnisse

basic principles 9
Berufsverbote 22
Besatzungsmächte 5 ff., 8
Bildschirmtext 27 f.
Bestandsgarantie 4
Bizone 5
Büro Schwerin 11
Bundesgrenzschutz 14 f., 20 f.
Bundeskanzler 10, 16
Bundespräsident 10, 16
Bundesverfassungsgericht (BVerfG) 8, 9, 22, 26
Bundesversammlung 10
Bundeswehr
– Einsatz im Innern 13 ff.
– Kommandogewalt 12

Datenverarbeitung 23, 27 f.
Datenschutz 23, 28
Datenschutzbeauftragte 23, 27 f.
Demarkationslinie
– Grundgesetz als 8
Demonstrationsfreiheit 25

Dienstverpflichtung 13, 17
Dokument Nr. 1 6

Eigentumsgarantie 8
Emanzipation
– soziale 8
Ersatzdienst 12
Europäische Verteidigungsgemeinschaft 12
Exekutivmacht 11, 15, 20, 24, 28

Faschismus 9, 24
Fernmeldegeheimnis 11
Feststellungserklärung 15 ff.
Finanzausgleich 18 f.
Finanzreform 11, 18 f.
Finanzverfassung 10, 18 f.
Finanzverwaltung 7
Föderalismus 6, 7, 15, 19 f.
freiheitliche demokratische Grundordnung
– Abwehr drohender Gefahr für 20 f.
Funktionsfähigkeit 26

Gefahrenabwehr, präventive 23
Geheimdienste 20 ff.
Gemeinsamer Ausschuß s. Notstandsausschuß

Gemeinschaftsaufgaben, Bund u. Länder 18 f.
Generalklauseln 21
Gewaltentrennung
- im Notstandsfall 15
Gewerkschaften 18
Grauzonen d. Rechts 26
Grundgesetz
- als Absage an Vergangenheit 9
- als Antiverfassung 10
- Aushöhlung d. 24, 26 f.
- als Bollwerk 5
- als Demarkationslinie 8
- Erosion 24 ff., 26 ff.
- als Grenzlinie 9, 26
- als Grenzmarke 9
- als Kompromiß 8
- als Instrument d. Regierens 10
- als Manifestation e. Befreiungsaktes 8
- als Mindestnorm 9
- als offene Verfassung 8 ff.
- als Produkt v. Auseinandersetzungen 8 f.
- als Rahmenwerk 8, 9, 25 f.
- Vorgeschichte d. 5 ff.
- wirtschaftspolitische Neutralität d. 8
- Zukunft d. 25 ff.
Grundgesetzänderungen
- Zahl d. 3
Grundgesetzrevisionismus 11
Grundrechte
- als Abwehrrechte 26, 28
- Aushöhlung d. 27
- individuelle 6
- politische 8
- soziale 5
- als Staatsbürgerrechte 25
- als Teilhaberechte 8, 28
- Verwirkung v. 22
- als Werte 9, 26
- als Wertordnung 26

innerer Notstand 13, 14
Informationsrecht 28
Innere Sicherheit 11, 20 ff.

Katastrophenzustand 20 f.
Kernenergie 26 f.
Konsens 8 f.
Kriegsdienstverweigerung 12
Kultusministerkonferenz 18 f.

Länderkompetenzen 7, 11, 15, 18 f.

Machtverhältnisse 8, 28
Machtverteilung, Beurkundung d. 4
Machtzuwachs d. Bundes 11
Marktwirtschaft, soziale 8
Medien, Neue 27 f.
Menschenrechte s. Grundrechte
Menschenrechtserklärung, französische 9
Menschenwürde 9
Militärgouverneure 6
Ministerpräsidentenkonferenz 6, 19, 27
Mißbrauch wirtschl. Macht 8

Mißtrauensvotum, konstruktives 10
- im Notstandsfall 16

Mitbestimmung 8

Mitwirkungsrechte s. Teilhaberechte

Nachrichtendienste s. Geheimdienste

nachrichtendienstliche Mittel 22

Nebenverfassung 21

Neofaschismus 8

Neuordnung, wirtschaftliche 8

Nichtöffentlichkeit d. Notstandsausschusses 16 f.

Notparlament s. Notstandsausschuß

Notstand
- äußerer 14
- innerer 13 f., 20, 24
- rechtfertigender 23
- überverfassungsgesetzlicher 12

Notstandsartikel 48 WRV 10

Notstandsausschuß 14 ff.

Notstandsgesetze, einfache 17

Notstandsgesetzgebung 11, 14 ff.

Notstandsvorsorge, vorbeugende, präventive 24 f.

Notverordnungen 15

Öffentlicher Dienst, Eintritt u. Entfernung 22

Öffentlichkeit 16

Organisationsverbote 22

Parlamentarischer Rat 6 ff., 10

Parlamente, Ausschaltung d. 18, 20
- Selbstausschaltung d. 22, 27

Parlamentsauflösung 10

Parteienverbot 22

Personalausweis, maschinenlesbar 28

polit. Strafsachen, zweite Instanz 11

Politikverflechtung 18 f.

Polizei, Stellung d. 23

Polizeikosten 22

Polizeistaat 23

Polizeistreitkräfte 20 f.

Präsidentenwahl 10, 16

Rahmenordnung 8, 9, 26

Realverfassung 4

Rechtsstaat 11, 26

Rechtsweg 27

Remilitarisierung 11 ff.

Sanktionen
- juristische 22
- wirtschaftliche 22

Schutzbaugesetz 17

Sicherheitsdienste s. Geheimdienste

Sicherheitsgesetze 24

Sicherheitsüberprüfung 21 f.

Sicherstellungsgesetze 17

Sozialisierungsartikel 8

Sozialstaatspostulat 8
Spannungszustand 17
Staat, technokratisch-autoritär 23
Staatsbürgerrechte 25
Staatsschutz, vorverlegter s. Notstandsvorsorge
Staatsstreich, Gefahr d. 23
Stabilitätsgesetz 18
Stimmrecht im Notstandsausschuß 15
Strafjustiz, politische 15

Technologien, neue 26 ff.
Teilhabe, demokratische 8, 25 f.
Teilhaberechte 8, 28
Telephonüberwachung 11
Trizone 5

überverfassungsges. Notstand 12

Verfassung, s. auch Grundgesetz
Verfassung
– als geschlossenes Gehäuse 9
– Kampf um d. 24
– offene 8 ff.
– als Werkzeug d. Regierenden 10
Verfassungsänderungen, Zahl d. 3 f.
Verfassungsbeschwerde 11
Verfassungsbruch 22
Verfassungsdurchbrechung 21 f.
Verfassungsfeind 22
Verfassungsgericht s. Bundesverfassungsgericht
Verfassungskompromiß 8
Verfassungskonflikt, preußischer 4
Verfassungskonsens 8 f.
Verfassungskonvent auf Herrenchiemsee 6, 10 f.
Verfassungsprinzipien 9, 26
Verfassungsrevisionismus 11
Verfassungsschutz 20 ff.
Verfassungsstaat 25
Verfassungsverfahrenssicherungen 25
Verfassungswirklichkeit 24
Verteidigungsausschuß 13
Verteidigungsfall 12, 15
Volkszählung 27
Verrufserklärungen 22

Wahlalter 4, 11
Wählbarkeit 11
Wehrbeauftragter 13
Wehrpflicht 12
Wehrverfassung 11
Weimarer Reichsverfassung (WRV) 4, 10, 14
Werte 9, 26
Wertpräferenzen 9
Widerstandsrecht 17 f.
Wiederaufrüstung 11 ff.
wirtschaftspol. Neutralität 8

Zivildienstgesetz 17
Zivilschutzkorps 17
Zweizonen-Wirtschaftsrat 5

b) Stichwortverzeichnis zum Text des Grundgesetzes

(Die Stichworte beziehen sich, wo dies nicht besonders kenntlich gemacht ist, auf die derzeit gültige Fassung. Die **halbfetten** Ziffern beziehen sich auf die jeweilige Artikel-Nr., die römischen Ziffern auf den jeweiligen Absatz des genannten Artikels, die normalen arabischen Ziffern auf den jeweiligen Satz innerhalb des angegebenen Artikels bzw. Absatzes. Ein Verweis auf eine inzwischen nicht mehr gültige Fassung des Grundgesetzes wird durch den Zusatz: »a.F.« kenntlich gemacht.)

Abgeordneter, Behinderungsverbot **48** II
- Entschädigung **48** III
- Indemnität und Immunität **46**
- Wahl und Stellung **38** I
- Wahlvorbereitung **48** I
- Zeugnisverweigerungsrecht **47**

Abstimmungen, Volkssouveränität **20** II 2

Amtseid, Bundeskanzler und Bundesminister **64** II
- Bundespräsident **56**

Amtshaftung 34

Amtshilfe 35 I

Angriffskrieg, Strafbarkeit der Vorbereitung **26** I

Anstalten des Öffentlichen Rechts, frühere **130**

Arbeitskampffreiheit 9 III

Arbeitskämpfe, Maßnahmen gegen **9** III 3

Arbeitsplatz, freie Wahl des **12** I 1
- freie Wahl des, Einschränkung im Verteidigungsfall und im Spannungsfall **12** VI

Arbeitszwang 12 II

Asylrecht 16 II 2

Ausbildungsstätte, freie Wahl der **12** I 1

Ausgebürgerte 116

Auslieferung 16 II 1

Ausnahmegerichte 101

Ausnahmerecht im Verteidigungsfall **115k**

Ausschließliche Gesetzgebung, Begriff **71**
- früheres Recht **124**
- Katalog **73**

Ausschuß, Gemeinsamer, Verteidigungsfall **115a**

Außerplanmäßige Ausgaben 112

Auswärtige Angelegenheiten, Ausschuß für **45a**

Auswärtige Beziehungen 32

Beamtenrecht, Gesetzgebung **74a**

Beamtenrechte, Aufhebung **132**

Berichterstattung, Bundestag **42** III

Berlin-Klausel 144 II

Berufsausübung 12 I 2
Berufsfreiheit 12 I 1
– Einschränkung im Verteidigungs- und im Spannungsfall **12 VI**
Besatzungskosten 120
Bremer Klausel 141
Briefgeheimnis 10
Bündnisklausel, Spannungsfall **80a III 1**
Bürgerrechte, Diskriminierungsverbot 33 III
– Gleichheit der 33 I
Bund, auswärtige Beziehungen 32 I
– Gesetzgebung **70**
– Steueraufkommen **106**
Bundesauftragsverwaltung, Bundesautobahnen und -straßen **90 II**
– Bundeswasserstraßen 89 II 3, 4
– Kernenergie **87c**
– Luftverkehr **87d II**
Bundesausgleichsamt 120a
Bundesautobahnen 90
Bundesbank 88
Bundeseigene Verwaltung 86 f.
– Bundesautobahnen und -straßen **90 III**
– Bundeswasserstraßen **89 II 1**
– Luftverkehr **87d I**
Bundesfinanzbehörden 108
Bundesflagge 22
Bundesgebiet, Neugliederung 29
Bundesgericht, Oberstes **92 a.F., 95 a.F.**

Bundesgerichte, Gewerblicher Rechtsschutz **96 I**
– Oberste **95**
– Öffentlicher Dienst **96 IV**
– Wehrstrafgerichte **96 II**
Bundesgesetzblatt 82
Bundesgrenzschutz, Einsaz bei Naturkatastrophen etc. **35 II, III**
– Innerer Notstand **91**
– Verteidigungsfall **115 f.**
– Wehrdienst im **12 I**
Bundeshaushaltswirtschaft 109 ff.
Bundeskanzler, Amtseid **64 II**
– Amtszeit **69 II, III**
– kein Nebenberuf **66**
– Kommandogewalt im Verteidigungsfall **65a II a.F., 115b**
– Konstruktives Mißtrauensvotum **67**
– Ministerernennung **64 I**
– Neuwahl im Verteidigungsfall **115h II**
– Richtlinienkompetenz **65**
– Stellvertreter **69 I**
– Vertrauensfrage **68**
– Wahl **63**
Bundesländer 23
Bundesminister, Amtseid **64 II**
– Amtszeit **69 II, III**
– Ernennung **64 I**
– für Verteidigung, Kommandogewalt **65a**
– kein Nebenberuf **66**
– Kompetenz **65**

Bundespräsident, Amtseid **56**
- Amtszeit **54** II
- Amtszeit im Verteidigungsfall **115h** I
- Auflösung des Bundestages **68**
- Ausfertigung und Verkündung von Gesetzen **82** I 1
- Begnadigungsrecht **60** II
- Bundeskanzlerwahl **63**
- Ernennung von Bundesbeamten **60** I
- Gegenzeichnung **58**
- Gesetzgebungsnotstand **81**
- Indemnität und Immunität **60** IV
- Inkompatibilität **55** I
- kein Nebenberuf **55** II
- Ministerernennung **64** I
- Präsidentenanklage **61**
- Stellvertretung **57**
- Verteidigungsfall **59a** a.F.
- völkerrechtliche Vertretung **59**
- Wahl **54**

Bundesrat, Ausschüsse **52** IV
- Beschlußfassung, Geschäftsordnung, Öffentlichkeit **52** III
- erstmaliger Zusammentritt **136**
- Funktionen **50**
- Gemeinsamer Ausschuß **53a**
- Gesetzgebung **76 ff.**
- Gesetzgebungsnotstand **81**
- Haushaltswirtschaft **109 ff.**
- Präsidentenanklage **61**
- Rechtsverordnungen **80**
- Teilnahme von Regierungsmitgliedern **53**
- Zusammensetzung **51**

Bundesratspräsident 52
- Stellvertretung des Bundespräsidenten **57**

Bundesrechnungshof 114 II

Bundesrecht und Landesrecht **31**
- und Völkerrecht **25**

Bundesregierung, Geschäftsordnung **65**
- Gesetzgebung **76 ff.**
- Gesetzgebungsnotstand **81**
- Haushaltswirtschaft **109 ff.**
- Spannungsfall **80a** III 1
- Weisungsbefugnis im Verteidigungsfall **115f**
- Zusammensetzung **62**

Bundesstaat, demokratischer und sozialer **20** I

Bundesstraßen 90

Bundestag, Anwesenheit von Bundesratsmitgliedern **43** III
- Anwesenheit von Regierungsmitgliedern **43**
- Auflösung **68**
- Auflösung im Verteidigungsfall **115h** III
- Ausschuß für auswärtige Angelegenheiten und Verteidigung **45a**
- Berichterstattung **42** III
- Einberufung **39** III
- Gemeinsamer Ausschuß **53a**
- Geschäftsordnung **40** I 2
- Gesetzgebung **76 ff.**

- Gesetzgebungsnotstand **81**
- Haushaltswirtschaft **109 ff.**
- Hausrecht **40 II 1**
- konstruktives Mißtrauensvotum **67**
- Mehrheitsprinzip **42 II**
- öffentliche Verhandlungen **42 I**
- Petitionsausschuß **45c**
- Präsidentenanklage **61**
- Schriftführer **40 I 1**
- Spannungsfall **80a**
- ständiger Ausschuß **45 a.F.**
- Untersuchungsausschüsse **44**
- Verteidigungsfall **59a a.F., 115a**
- Wahl des Bundeskanzlers **63**
- Wahlperiode **39**
- Wahlprüfung **41**
- Wehrbeauftragter **45b**
- Zusammentritt **39 II**

Bundestagspräsident 40
Bundesverfassungsgericht, Aufgaben **93**
- Entscheidung über Fortgeltung früheren Rechts **126**
- Entscheidungsmonopol bei Grundrechtsverwirkung **18, 2**
- Entscheidungsmonopol bei Verfassungswidrigerklärung von Parteien **21 II 2**
- Landesverfassungsstreitigkeiten **99**
- Präsidentenanklage **61**
- Verteidigungsfall **115g**
- Vorlageverfahren **100**
- Wahlprüfung **41 II**
- Zusammensetzung **94**

Bundesvermögen, früheres Reichsvermögen **134**
- Verbindlichkeiten des früheren Reiches und Preußens **135a**

Bundesversammlung 54
Bundeswasserstraßen 89
Bundeswehrverwaltung 87b
Bundeszwang gegenüber Ländern **37**

Demokratieprinzip 20 I, II
Deutsche im Sinne des GG **116**
Dienstleistungspflicht 12 II
- für Frauen im Verteidigungsfall **12 IV**

Drittwirkung, Grundrechte **1 II**
Durchsuchung, Bundestag **40 II 2**
Durchsuchungen, Recht zu **13 II**

Ehe, Schutz der **6 I**
Eigentum, Gewährleistung **14 I**
- Sozialbindung **14 II**

Einkommensteuer, Ergänzungsabgabe, Verteilung **106 I Nr. 6**
- Verteilung **106 f.**

Enteignung 14 III
Entnazifizierung 139
Entschädigung bei Enteignung **14 III**
- bei Sozialisierung **15, 2**

Erbrecht, Gewährleistung **14**

135

Ergänzungsabgabe zur Einkommensteuer und Körperschaftsteuer, Verteilung **106 I Nr. 6**
Ergänzungszuweisungen 107 II
Ersatzdienst 12 II
- Grundrechtseinschränkungen **17 a**
Erziehung der Kinder **6 II, III**
Europäische Gemeinschaften, Aufgaben, Verteilung **106 I Nr. 7**
Europäische Verteidigungsgemeinschaft, Vertrag über die Gründung und GG **142a a.F.**

Familie, Schutz der **6 I**
Fernmeldegeheimnis 10
Festnahme, vorläufige **104 III**
Finanzmonopole, Verteilung **106 I**
Finanzplanung 109 III
Finanzverwaltung 108
Finanzwesen 104a ff.
- Verteidigungsfall **115c III**
Flüchtlinge 116, 119
Frauen, Dienstleistungspflicht im Verteidigungsfall **12 IV**
Freiheit der Person **2 II**
Freiheitsentziehung, rechtsstaatliche Garantien **104**
- Zwangsarbeit **12 II**
Freiheitsrecht, allgemeines **2**
Freizügigkeit 11
Frieden, Einordnung in kollektives Sicherheitssystem zur Wahrung des **24 II**
- Strafbarkeit der Störung des **26 I**
Friedensschluß nach Verteidigungsfall **115 l**
Forschung, Freiheit der **5 III**
Fortgeltendes Weisungsrecht 128
Fortgeltung früheren Rechts und früherer Staatsverträge **123 ff.**
- von Verordnungsermächtigungen **129**

Gehör, Anspruch auf rechtliches **103 I**
Gemeinden, früheres Reichsvermögen **134 III**
- Selbstverwaltungsgarantie **28 II**
- Steueraufkommen **106**
Gemeindeverbände, Selbstverwaltungsgarantie **28 II**
- Steueraufkommen **106**
Gemeindeverfassungen 28 I
Gemeineigentum 15
Gemeinsamer Ausschuß 53a
- Parlamentsvertretung im Verteidigungsfall **115e**
- Verteidigungsfall **115a**
Gemeinsamer Senat der obersten Bundesgerichte **95 III**
Gemeinschaftsaufgaben 91a, b
Gemeinwirtschaft 15
Gesamtdeutsche Verfassung und Grundgesetz **146**
Geschäftsordnung, Bundesrat **52 III 2**
- Bundesregierung **65**

- Bundestag **40 I 2**
- Gemeinsamer Ausschuß **53a**
- Vermittlungsausschuß **77 II 2**

Gesetze, richterliche Überprüfung **100**

Gesetzgebende Gewalt nach dem ersten Zusammentritt des Bundestages **122**

Gesetzgebung, ausschließliche, Begriff **71**
- ausschließliche, früheres Recht **124**
- ausschließliche, Katalog **73**
- ausschließliche, Zölle und Finanzmonopole **105 I**
- Bindung an die verfassungsmäßige Ordnung **20 III**
- Grundgesetzänderung **79**
- Grundrechtsbildung **1 III**
- Initiative **76**
- Inkrafttreten **82**
- konkurrierende, Beamtenrecht **74a**
- konkurrierende, Begriff **72**
- konkurrierende, früheres Recht **125**
- konkurrierende, Katalog **74**
- konkurrierende, Steuer- **105 II**
- Rahmen- **75**
- Verfahren **77**
- Verordnungsermächtigung **80**
- Verteidigungsfall **115c–e**
- Zustandekommen **78**
- Zuständigkeit von Bund und Ländern **70**

Gesetzgebungsnotstand 81
Gewaltenteilung 20 II 2
Gewissensfreiheit 4 I, III
Glaubensfreiheit 4 I
Gleichbehandlungsgrundsatz 3 III
Gleichberechtigungsgesetz 117
Gleichberechtigungsgrundsatz 3 II
Gleichheitsgrundsatz 3 I
Grundgesetz, Änderung im Verteidigungsfall **115e II**
- Änderungen **79**
- Fortgeltung früheren Rechts **123**
- Gesetzgebungsnotstand **81 IV**
- räumlicher Geltungsbereich **23**
- Ratifizierung **144**
- und Gesamtdeutsche Verfassung **146**
- Verkündung **145**

Grundrechte 1 ff.
- Bindung des Staates **1 III**
- der Länderverfassungen **142**
- Drittwirkung **1 II**
- für inländische juristische Personen **19 III**
- Verfassungsbeschwerde **93 Nr. 4a**
- Wesensgehaltsgarantie **19 II**

Grundrechtseinschränkungen, Verbot von Maßnahmegesetzen **19 I 1**
- Zitiergebot **19 I 3**

Grundrechtsverwirkung 18

Handelsflotte 27
Haushaltsgenehmigung, Ausgaben vor **111**
Haushaltsplan **110**
– Ausgabenerhöhungen **113**
Haushaltsüberschreitungen **112**
Haushaltswirtschaft, Kreditaufnahme **115**
– Rechnungslegung **114**
Hochverrat **143a a.F.**
Hoheitsrechte, Übertragung auf zwischenstaatliche Einrichtungen **24 I**

Immunität, Bundespräsident **60 IV**
– der Abgeordneten **46**
Indemnität, Bundespräsident **60 IV**
– der Abgeordneten **46**
Informationsfreiheit **5 I 1**
Inkompatibilität, Bundespräsident **55 I**

Juristische Personen, Grundrechte **19 III**

Kapitalverkehrssteuer, Verteilung **106 I Nr. 4**
Kernenergie, Erzeugung und Nutzung, Verwaltung **87c**
Kinder, nichteheliche **6 V**
Kindererziehung **6 II, III**
Kirche, Fortgeltung von Vorschriften der WRV über Staat und **140**

Koalitionsfreiheit **9 III**
– Diskriminierungsverbot **9 III 2**
Körperliche Unversehrtheit, Recht auf **2 II**
Körperschaften des Öffentlichen Rechts, frühere **130**
Körperschaftssteuer, Ergänzungsabgabe, Verteilung **106 I Nr. 6**
– Verteilung **106 f.**
Kommandogewalt über die Streitkräfte **65a**
– Verteidigungsfall **115b**
Konjunkturausgleichsrücklagen **109 IV Nr. 2**
Konkurrierende Gesetzgebung, Beamtenrecht **74a**
– Begriff **72**
– früheres Recht **125**
– Katalog **74**
Kostentragung, Finanzverwaltung **104a**
Kreditaufnahme **115**
Kriegsdienstverweigerung, Grundrecht auf **4 III**
Kriegsfolgelasten **120**
Kunstfreiheit **5 III**

Länder, Ausführung von Bundesgesetzen als eigene Angelegenheit **83 f.**
– auswärtige Beziehungen **32 II, III**
– Bundesauftragsverwaltung **85**
– Bundeszwang **37**
– Finanzausgleich **107 II**

- Finanzhilfen des Bundes **104a IV**
- Finanzverwaltung **108**
- früheres Reichsvermögen **134 III, 135**
- Gesetzgebung **70**
- Gemeinschaftsaufgaben **91a, b**
- Grundrechte der -Verfassungen **142**
- Haushaltswirtschaft **109**
- Maßnahmen im Verteidigungsfall **115i**
- Ratifizierung des Grundgesetzes **144**
- Steueraufkommen **106 f.**
- Verfassungsstreitigkeiten **99**

Länderneugliederung, Südwest-Staat-Klausel **118**

Länderzuständigkeit, grundsätzliche **30**

Landesrecht und Bundesrecht **31**

Landesverfassungen 28 I

Lastenausgleichsabgaben, Verteilung **106 I Nr. 5**

Lastenausgleichsverwaltung 120a

Leben, Recht auf **2 II**

Lehrfreiheit 5 III

Lohnsteuer, Verteilung **107**

Luftverkehrsverwaltung 87d

Mehrheit, Begriff **121**
- Grundgesetzänderung **79 II**

Mehrheitsprinzip, Bundesrat **52 III 1**

- Bundestag **42 II**

Meinungsfreiheit 5 I 1

Menschenwürde 1 I

Militarismus, Befreiung vom **139**

Mißtrauensvotum, konstruktives **67**

Mutterschutz 6 IV

Nationalsozialismus, Befreiung vom **139**

Naturkatastrophen 35 II, III

Nebenberuf, Bundeskanzler und Bundesminister **66**
- Bundespräsident **55 II**

Neugliederung der Länder, Südwest-Staat-Klausel **118**
- des Bundesgebietes **29**

Nichteheliche Kinder 6 V

Notariat, Süddeutsches **138**

Notstand, innerer **91**
- innerer, Einsatz der Streitkräfte **87a IV, 143a a.F.**

Öffentlicher Dienst, Amtshaftung **34**
- Aufhebung von Beamtenrechten **132**
- Beschränkung der Wählbarkeit von Bediensteten **137 I**
- Bundesgerichte **96 IV**
- Dienstverhältnis **33 IV**
- Diskriminierungsverbot **33 III**
- frühere Bedienstete **131**
- Gesetzgebung **74a, 75**
- Heimatprinzip **36**

- hergebrachte Grundsätze des Berufsbeamtentums **33** V
- Zugang **33** II

Öffentlichkeit, Bundesrat **52** III 3, 4
- Bundestag **42** I
- Untersuchungsausschüsse **44** I 2

Parlamentsvertretung im Verteidigungsfall **115e**
Parteien, Auftrag **21** I 1
- Freiheit der Gründung **21** I 2
- innere Ordnung **21** I 3
- Offenlegung der Finanzierung **21** I 4
- -privileg **21** II 2
- verfassungswidrige **21** II 1

Persönlichkeitsrecht, allgemeines **2** I
Petitionsausschuß 45c
Petitionsrecht 17
Polizei, Einsatz bei Naturkatastrophen etc. **35** II, III
- innerer Notstand **91**

Postgeheimnis 10
Pressefreiheit 5 I 2
Privatschulfreiheit 7 IV, V

Rahmengesetzgebung 75
Ratifizierung des Grundgesetzes **144**
Realsteuern, Verteilung **106**
Recht des Vereinigten Wirtschaftsgebietes **127**

- fortgeltendes Weisungs- **128**
- früheres, ausschließliche Gesetzgebung **124**
- früheres, Entscheidung über Fortgeltung **126**
- früheres, Fortgeltung **123** I
- früheres, konkurrierende Gesetzgebung **125**

Rechtshilfe 35 I
Rechtsnachfolge des Vereinigten Wirtschaftsgebietes **133**
Rechtsprechung 92 ff.
- Gesetzesbindung **20** III
- Grundrechtsbindung **1** III

Rechtsstaatsprinzip 20 III
- Freiheitsentziehung **104**
- Strafgesetze **103**

Rechtsverordnungen 80
- Fortgeltung von Ermächtigungen **129**
- Inkrafttreten **82**

Rechtsweg, Amtshaftung **34, 3**
- Ausschluß bei Beschränkungen des Brief-, Post- und Fernmeldegeheimnisses **10** II, **19** IV 3
- wegen Enteignungsentschädigung **14** III 4

Rechtsweggarantie 19 IV 1, 2
Reichsvermögen, früheres **134**
Religionsausübung 4 II
Religionsfreiheit 4 I
Religionsunterricht 7 II, III
- Bremer Klausel **141**

Richter, Entscheidung bei Freiheitsentziehung **104** II, III

- gesetzlicher **101** II
- Rechtsstellung **98**
- Überprüfung von Gesetzen **100**
- Unabhängigkeit **97**

Richterwahlausschuß 95 II

Schiedsgerichtsbarkeit, internationale **24** III
Schulen, private **7** IV, V
Schulwesen 7
Selbstverwaltungsgarantie der Gemeinden und Gemeindeverbände **28** II, III
Sicherheit, Einordnung in System kollektiver **24** II
Sittengesetz 2 I
Souveränitätsbeschränkung 24 I
Sozialbindung des Eigentums **14** II
Sozialisierung 15
Sozialstaatsprinzip 20 I, **28** I 1
Spannungsfall, Beschränkungen der Berufsfreiheit und der freien Wahl des Arbeitsplatzes **12** VI 2
- Bündnisklausel **80a** III 1
- Einsatz der Streitkräfte **87a** III
- Feststellung **80a**
- Wehrpflichtige **12** V

Staatsangehörigkeit, Entziehung und Verlust **16** I
Staatsverträge, vom früheren Deutschen Reich abgeschlossene **123** II
Ständiger Ausschuß 45 a.F.
Steuergesetzgebung 105

Steuerverteilung 106
Strafgesetze, rechtsstaatliche Garantien **103**
Straßengüterverkehrssteuer, Verteilung **106** I Nr. 3
Streikfreiheit 9 III
Streitkräfte 87a
- Einsatz bei Naturkatastrophen etc. **35** II, III
- Einsatz im inneren Notstand **143a** a.F.
- Kommandogewalt **65a**
- Kommandogewalt im Verteidigungsfall **115b**
- Verwaltung **87b**
- Wehrstrafgerichte **96** II

Süddeutsches Notariat 138
Südwest-Staat-Klausel 118

Tarifautonomie 9 III
Todesstrafe, Abschaffung **102**

Überplanmäßige Ausgaben 112
Umsatzsteuer, Verteilung **106** f.
Unabhängigkeit, richterliche **97**
Unglücksfälle 35 II, III
Untersuchungsausschüsse 44

Verbindlichkeiten des früheren Reiches und Preußens **135a**
Verbrauchsteuern, Verteilung **106** I Nr. 2

Vereinigtes Wirtschaftsgebiet,
  Rechtsfortgeltung **127**
– Rechtsnachfolge **133**
Vereinigungsfreiheit 9 I
Verfassungsbeschwerde
  93 Nr. 4a, b, **94** II 2
Verfassungsmäßige Ordnung **2** I, **9** II, **20** III, **28** III
Verfassungsprinzipien 20
Verkündung des Grundgesetzes **145**
Vermittlungsausschuß 77 II
Vermögensabgaben, einmalige, Verteilung **106** I Nr. 5
Versammlungen unter freiem Himmel **8** II
Versammlungsfreiheit 8 I
Versicherungsteuer, Verteilung **106** I Nr. 4
Verteidigung, Ausschuß für **45a**
Verteidigungsfall, Ablauf von Wahlperioden **115h** I
– Auflösung des Bundestages **115h** III
– Beendigung **115 l**
– Bundesgrenzschutz **115f**
– Bundesverfassungsgericht **115g**
– Dienstleistungspflicht für Frauen **12** IV
– Einsatz der Streitkräfte **87a**
– Einschränkung der Berufsfreiheit und der freien Wahl des Arbeitsplatzes **12** VI 1
– Feststellung **59a a.F. 115a**
– Gesetzgebung **115c–e**
– Grundgesetzänderung **115e** II
– Kommandogewalt **65a** II **a.F., 115b**
– Maßnahmen der Länder **115i**
– Neuwahl des Bundeskanzlers **115h** II
– Wehrpflichtige **12** III
– Wehrstrafgerichte **96** II
– Weisungsbefugnis der Bundesregierung **115f**
– Wirkung von Ausnahmerecht **115k**
Verteidigungsgemeinschaft, Europäische, Vertrag über die Gründung und GG **142a a.F.**
Vertriebene 116, 119
Verwaltung, Bundesauftrags- **85**
– bundeseigene **86f.**
– Bundesstraßen **90**
– Bundeswasserstraßen **89**
– Bundeswehr- **87b**
– Erzeugung und Nutzung von Kernenergie **87c**
– Finanz- **108**
– Finanzwesen **104a ff.**
– frühere Körperschaften und Anstalten des Öffentlichen Rechts **130**
– Gemeinschaftsaufgaben **91a, b**
– Länderausführung **83 f.**
– Lastenausgleich **120a**
– Luftverkehrs- **87d**
– Verteidigungsfall **115c** III
Verwirkung der Grundrechte **18**
Völkerrecht als unmittelbar geltendes Bundesrecht **25**

– Überprüfung **100 II**
Völkerrechtliche Vertretung,
  Bundespräsident **59**
Völkerverständigung, Vereinigungen gegen den Gedanken der **9 II**
Volksentscheid bei Neugliederung des Bundesgebietes **29**
Volksschulen, private **7 V**
Volkssouveränität 20 II 1
Vollziehende Gewalt, Gesetzesbindung **20 III**
– Grundrechtsbindung **1 III**
Vorschulen 7 VI

Waffen, Genehmigungspflicht **26 II**
Wahlberechtigung 38 II
Wahlen, Volkssouveränität **20 II 2**
Wahlperiode des Bundestages 39
– Verteidigungsfall **115h I**
Wahlprüfung 41
Wahlrechtsprinzipien 38 I 1
Wechselsteuer, Verteilung **106 I Nr. 4**
Wehrbeauftragter 45b
Wehrdienst 12 I
– Grundrechtseinschränkungen **17a**
Wehrpflichtige, Spannungsfall **12 V**
– Verteidigungsfall **12 III**
Wehrstrafgerichte 96 II
Weimarer Verfassung, Fortgeltung von Vorschriften **140**
Weltanschauung, Freiheit der **4 I**
Widerstandsrecht 20 IV
Wissenschaftsfreiheit 5 III
Wohnung, Beschränkungen der Unverletzlichkeit der **13 II, III**
– Unverletzlichkeit der **13 I**

Zensurverbot 5 I 3
Zeugnisverweigerungsrecht der Abgeordneten **47**
Zivilschutz, Wehrdienst im **12 I**
Zölle, Verteilung **106 I Nr. 1**
Zugang zu einem öffentlichen Amt, Diskriminierungsverbot **33 III**
– zu einem öffentlichen Amt, Gleichheit des **33 II**
Zuständigkeit der Länder, grundsätzliche **30**
Zwangsarbeit 12 III
Zwischenstaatliche Einrichtungen 24 I

Über den Autor

JÜRGEN SEIFERT, geb. 1928 in Berlin, Luftwaffenhelfer, Kriegseinsatz, Kriegsgefangenschaft, Landarbeiter, Lehre als Werkzeugmacher, Studium der Rechts- und Staatswissenschaften und Philosophie in Münster/Westf., Bristol und Bologna (Johns Hopkins University), 1. und 2. juristisches Staatsexamen, Dr. jur. (Münster/Westf.), akademische Lehrtätigkeit an der TH Darmstadt, Universität Saarbrücken und Universität Hannover (1971 o. Prof.). Professor am Institut für Politische Wissenschaft der Universität Hannover. Seit 1973 stellvertretender Vorsitzender, seit 1983 Vorsitzender der Humanistischen Union.

Buch-Veröffentlichungen:

Gefahr im Verzuge. Zur Problematik der Notstandsgesetzgebung. Mit einem Vorwort von FRITZ BAUER, Frankfurt am Main, 1963 (3. und 4. veränderte Auflage 1965).
Hrsg. und Mitautor, *Die Spiegel-Affäre*, Bd. 1: *Die Staatsmacht und ihre Kontrolle* (ALFRED GROSSER u. J. S.); Bd. 2: *Die Reaktion der Öffentlichkeit* (M. LIEBEL u. I. NEGT), Olten und Freiburg i. Brsg., 1966.
Der Notstandsausschuß, Frankfurt am Main, 1968.
Hrsg. u. Autor, *20 Jahre Grundgesetz. Textausgabe des Grundgesetzes mit sämtlichen Verfassungsänderungen. Mit einer kritischen Darstellung der Verfassungsentwicklung 1949–1969*, Neuwied und Berlin, 1969.
Kampf um Verfassungspositionen, Materialien zur Bestimmung von Grenzen und Möglichkeiten der Rechtspolitik, Frankfurt am Main, 1974.
Grundgesetz und Restauration. Verfassungsgeschichtliche Analyse und synoptische Darstellung des Grundgesetzes vom 23. Mai 1949 mit sämtlichen Änderungen, Darmstadt und Neuwied, 1974 (2. veränderte Auflage 1975, 3. veränderte und erweiterte Auflage 1977).
Hrsg. mit ERICH GERLACH, *Karl Korsch, Politische Texte*, Frankfurt am Main, Köln, 1974.
Mit HERBERT KRÜGER, *Die Einschränkung der Grundrechte* (Schriftenreihe der Nieders. Landeszentrale für Politische Bildung), Hannover, 1976.

Zur Verfassungsentwicklung der Bundesrepublik hat der Verfasser u. a. folgende Beiträge geschrieben:

»Totalrevision: Drohung mit dem Verfassungsbruch«, *Kritische Justiz*, 2/1969, S. 169–175.
»Die Kompetenzüberschreitung des Bundesverfassungsgerichts. Anmerkungen zum Hochschulurteil«, *Kritische Justiz*, 3/1973, S. 292–300.
». . . es kommt darauf an, das Grundgesetz zu schonen. Deformierung und Auflösung

der Verfassung durch exzessive Verfassungsauslegung«, *Vorgänge*, Jg. 13, 6/1974, Nr. 12, S. 35–44.

»Rechtsprechung nach dem, ›was auf der Hand liegt‹. Das Bundesverfassungsgericht zur Frage der Beschäftigung sogenannter Radikaler im öffentlichen Dienst«, *Vorgänge*, Jg. 14, 5/1975, Nr. 17, S. 4–9.

»Innerer Feind und Restauration. Seine Bestimmung und Behandlung in der Geschichte der BRD«, *links*. Sozialistische Zeitung, Nr. 73, Januar 1976, S. 25–28.

»Verfassungsgerichtliche Selbstbeschränkung«, in: MEHDI TOHIDIPUR (Hrsg.), *Verfassung, Verfassungsgerichtsbarkeit, Politik. Zur verfassungsrechtlichen und politischen Stellung und Funktion des Bundesverfassungsgerichts*, Frankfurt am Main, 1976.

»Das Auslegungsmonopol des Bundesverfassungsgerichts bei der Verwirkung von Grundrechten«, in: ERHARD DENNINGER (Hrsg.), *Freiheitliche demokratische Grundordnung*, Bd. 1, Frankfurt am Main, 1977, S. 225–240; auch in: PETER RÖMER (Hrsg.), *Der Kampf um das Grundgesetz*, Frankfurt/M., S. 98–113.

»Wer bestimmt den ›Verfassungsfeind‹?«, in: PETER BRÜCKNER u. a., *1984 schon heute oder wer hat Angst vorm Verfassungsschutz?* 2. Aufl., Frankfurt am Main, 1977.

»Das Personenkennzeichen. An der Schwelle zur totalen Datenerfassung?«, in: WOLF-DIETER NARR (Hrsg.), *Wir Bürger als Sicherheitsrisiko*, Reinbek, 1977, S.229–239.

»Von den Notstandsgesetzen zum vorverlegten Notstand«, in: *Kursbuch 48*, Juni 1977, S. 45–56.

»Die Abhöraffäre 1977 und der überverfassungsgesetzliche Notstand. Eine Dokumentation zum Versuch, Unrecht zu Recht zu machen«, in: *Kritische Justiz*, Jg. 10, 2/1977, S. 105–125.

»Über die Geschichte der Berufsverbote in Deutschland«, in: *Vorgänge*, Jg. 17, 3/1978, Nr. 33, S. 29–38.

»Die Definitionsgewalt des Verfassungsschutzes«, in: *3. Internationales Russell-Tribunal. Zur Situation der Menschenrechte in der Bundesrepublik Deutschland*, Bd. 4, Einschränkung von Verteidigungsrechten, Verfassungsschutz, Berlin, 1979, S. 127–140.

»Sozialdemokratische Partei und Exekutivmacht«, in: *Vorgänge*, Jg. 18, 2/1979, Nr. 38, S. 77–83.

Dreißig Jahre Grundgesetz oder Die Erosion einer demokratischen Verfassung, Schriftenreihe des Juso-Bezirks Hannover, 1/1979 (teilweise Nachdruck von Teilen aus *Grundgesetz und Restauration* und »Sozialdemokratische Partei und Exekutivmacht«, *Vorgänge*, 2/1979).

»Haus oder Forum. Wertsystem oder offene Verfassung«, in: JÜRGEN HABERMAS (Hrsg.), *Stichworte zur ›Geistigen Situation der Zeit‹, Bd. 1, Frankfurt/M., 1979, S. 321–339*.

»Vereinigungsfreiheit und hoheitliche Verrufserklärungen«, in: JOACHIM PERELS (Hrsg.), *Grundrechte als Fundamente der Demokratie*, Frankfurt/M., 1979, S. 157–181.

»Das Informationsrecht des Bürgers als Grundvoraussetzung der Demokratie«, in: BERNT ENGELMANN u. a. (Hrsg.), *Anspruch auf Wahrheit*, Göttingen, 1981, S. 122–128; auch in: *Vorgänge*, Jg. 20, 1/1981, Nr. 49, S. 1–4.

»›Innere Sicherheit‹: Risiko für die Demokratie«, in: ARNO KLÖNNE u. a., *Lebendige Verfassung – das Grundgesetz in Perspektive*, Neuwied und Darmstadt, 1981, S. 145–189.

»Grundgesetz«, in: Martin Greifenhagen u. a. (Hrsg.), *Handwörterbuch zur politischen Kultur der Bundesrepublik Deutschland,* Opladen, 1981, S. 194–198.
»Hoheitliche Verrufserklärungen? Verfassungsschutzberichte von Bund und Ländern im Vergleich«, in: *Vorgänge,* Jg. 21, 1/1982, Nr. 55, S. 46–60.